絶望のトリセツ

人生の危機をのりきる方法

根本一徹
川本佳苗
著

法藏館

はじめに

この本は、君の先輩たちがどうやって底なしの絶望や生きづらさと向き合い、一歩前に踏み出すことができたかをまとめた記録だ。俺はこの本を、自殺したいほどまでに悩み、生きる力を失っている君のために書いた。ここにはいろんな悩みのパターンが紹介されている。

俺はプロの禅僧だが、専門の訓練を受けたカウンセラーでもセラピストでもない。俺の自殺相談はとくに心理学や精神分析学に基づいているわけではないし、かといって必ずしも俺が属する禅の臨済宗《りんざいしゅう》の教えに、もっというと仏教に基づいているわけでもない。

だけど、俺は自殺したい人を「誰も死なせたくねえ！」という思いから、20年間必死に助けてきた。約2万人もの相談を通じて経験則で独自のやり方を編み出した。ただ、もし君が相談に来てくれたからといって、このやり方でもって俺が君を「治す」わけじゃない。俺が君の問題を解決するわけじゃない。

俺は君を全力で受け止めるし、経験知識を総動員して一緒に悩むことはする。でも、最終的に苦しみのなかから光を見つけるのは君自身だ。俺は、その場に立ち会う「相棒」であるだけだ。

相談を聞き続ける過程で、本当にさまざまな人たちのリアルな苦しみに向き合ってきた。俺は相談してきた人の隣に座り、一緒に頭を抱えて悩みながら答えを模索してきた。一つ一つの出会いが俺にとって真剣勝負であり、かけがえのない成長をくれた。

やがて、どの人も次の一歩を踏み出すことができた。もし君が人生につまずきそうになっているなら、この本をまた立ち上がるための「杖」のような存在にしてほしい。書かれていることを反面教師にするもよし、ヒントにするもよし、何かをつかんで一歩を踏み出してくれたらうれしい。

もしそれでも一歩を踏み出せないなら、大禅寺《だいぜんじ》に来てください。門を開いて待っています。

根本〈紹徹〉一徹

絶望のトリセツ　もくじ

絶望のトリセツ——人生の危機をのりきる方法

一徹のトリセツ

近藤丸

バイク事故編

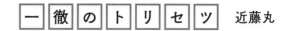

24歳のとき
早朝のバイトから帰る途中
え
スピード違反した車が
突っ込んできた
大手術の末
一命《いちめい》をとりとめた
くそ！
何で…
俺だけ
バタン
退院おめでとう
有《あ》り難《がと》う
ございました
命《いのち》があるだけ
感謝だよな…

逆出家編

僧堂《そうどう》で約5年間の修行《しゅぎょう》を終え
もう一度社会で働くぞ
逆出家《ぎゃくしゅっけ》だ
mike burger
アルバイト募集中
よしっ
ところが…
その髪型では雇《やと》えません
大体なんでお坊さんがうちなんかで
ガーン
社会勉強がしたいんですよ
こんな職場じゃ無理ですよ
過酷《かこく》すぎて
残業続きで家にも帰れなくて
なぜか面接の時間が店長の人生相談に
こうして私の人生って終わっちゃうんですかね
一緒に立て直しましょう
ガシッ
こうしてスキンヘッド採用第一号へ

「誰も死なせねえ！」活動の黎明期を支えてくれた同志

「死にたい人」と「消えない人」
――『般若心経』がつないだ友情

32歳だった2004年、俺は「誰も死なせねえ！」という思いから、当時話題になり始めていたmixiというSNSで「死にたい人」というコミュニティを作った。「死にたい人」では、管理人として「命とは何だろう？」「死にたい理由を聞かせてくれ」とトピックを投げかけては、スレッドを盛り上げていった。ただ死ぬ勇気がなかっただけで、誰だって心が一杯一杯になったら死んでしまう。でも、誰だって本当はチャンスがあれば、生きる希望があれば生きたいはずだ。だから何とか自殺することをやめてほしい。自殺したいなら俺に納得できる理由を聞かせてほしい。俺はそんな正直な気持ちをぶつけた。

当時28歳だったミナは古参メンバーの一人で、同時にmixi友達でもあった。最初にどちらのメッセージから知り合ったかもう覚えていないくらい、「死にたい人」でだけでなくお互いの日記にもよく書き込みし合った。二人とも大学で西洋哲学を専攻して実存主義に興味があったから、自己の存在だとか死生観について深い話ができたし、彼女の鋭い意見からは学ぶことが多かった。

エリート家庭で育ちながら、いつも疎外感《そがいかん》を感じていたミナは、失恋が原因で24歳から心の病気を患《わずら》った。就職してがんばっていたけれど結婚に失敗してしまい、その後も彼女は自殺未遂を繰り返してきた。

ミナはまた、「死にたい人」の頼れるアシスタントでもあった。自殺願望のある人たちの書き込みは、感情を書き殴り本人も何に悩んでいるのかハッキリしなくて読みづらいことがある。そんなとき、当事者の痛みがよくわかるミナがスレッドに参入して、「一徹、ちがうちがう。この人が言いたいことはね……」とフォローしてくれた。彼女自身、「死にたい人」でありながらも、死にたい人を救う方法を一緒に探ってくれる仲間だった。

そんなだから、ミナは俺にとって他のメンバーよりも近しい存在だった。だけど、人間嫌いなヤツだからオフ会を開いても来なくて、会うときはいつも俺と二人だった。お互いの住まいがそう遠くないことを知っていたので、初めて会ったのは彼女が危なそうだったときに訪ねたときだ。彼女の3回目の自殺未遂のときだった。

当時の俺は、「死にたい人」や日記の書き込みに一日50通から100通のレスを付けるという「逆出家」の修行を自らに課していた。出世間の道場で修行してきたから、今度は徹底的に世間に関わろうと考えたのだ。ミナとのやり取りなんて、通算200通を超えていたんじゃないか。だけど、あるとき彼女から返信も書き込みもないことに気づき、心配してDM（ダイレクトメッセージ）を送ったところ、嫌な予感は的中していた。「目が覚めたら両親が泣いていた」と返信がきた。衝動的に大量に薬を飲んでしまったらしい。あんなに「死ぬ前は言えよな」って伝えてあったのに……。

出会った当初からずっと「鬱《うつ》が酷《ひど》くて、仕事休んだ」「彼氏のことで悩んでいる」「社会と適応できない」と、いろんな悩みを打ち明けてきた。自分なんかにそうした本音を打ち明けてくれることがうれしくて、俺はあえて気持ちを軽くするような言葉をかけ続けた。「のんびりいこう！」「風邪引いてないかー？」「何かあったらすぐに駆け付けるからな」……。

「死にたい人」の始まりは、俺が禅僧の修行道場から出た年に「逆出家」と称して、大手チェーンのハンバーガー屋で働いた「社会勉強の再開」にさかのぼる。学生時代にハンバーガー屋でのバイト経験があった俺は、すぐにテキパキ働き始めてみんなと仲良くなった。ちょうどバブルが弾けた後の就職氷河期だったし、まだフリーターが差別されていた平成時代の真っただ中だった。

従業員はみな不安そうだった。地方出身の学生たちは、新卒で就職しなければならないというプレッシャーを相談できる相手がいなかった。俺は未来ある若者につぶれてほしくなかった。昼間のパートの主婦たちも、親の介護、子供の進路といった家庭問題から法事やお墓といった寺の問題までいろいろな悩みを打ち明けてくれた。俺は彼らの話に徹底的に耳を傾けた。

すると坊主ならではの死生観が受けたのか、相談の後みんな元気になってくれた。坊主といっても俺自身は何もえらくないんだけど、後ろに仏さんがいるからなのか安心して話せるみたいだ。俺はさらに「苦しんでいる人がいたら連れてきてね」と、「逆出家」の修行を続けた。こうして芋づる式にスタッフの友人や親戚がやって来て「根本のよろず相談」は盛況になった。

どんなに悩んでも解決しないともったいない。死んじまったら解決する前に終わっちまう。いや、絶対に死んでほしくない。死にたいほど悩んでいる人をもっと救うにはどうすればいい？

あるとき学生スタッフが「根本さん、インターネットとかどうですか？」とパソコン画面を見せてくれて、俺はその整然としたアイコンにビックリした。俺の知っているパソコンといえば文字だけだったし携帯といえばガラケーだったのに……。出家して7年間、テレビやPCなどから離れていた。修行道場から出てきたばかりの俺は浦島太郎みたいな気持ちになった。

さっそく使い方を教わり、悩んでいる人のブログや掲示板を徘徊し始めた。それらに書き込むだけでなく、オフ会にも参加して話を聞いた。「なぜ彼らが死にたいと思うのか？」を本気で理解したくて、働いている時間以外はそんな活動ばかりしていた。もっと悩んでいる人たちと連絡を取りたい。相談が終わった人がずっと元気でいられるように、相談後もつながりをもちたい。そのためにどうしたらいい？

するとまたバイトの学生が、「いま流行りのmixiはどうですか？」と教えてくれた。そうか、そこでコミュニティを作っちゃえばいいのか。俺も一斉にメンバーに声をかけられるし、リアルで会うと人目をはばかる人も、ネットの場でなら死にたい気持ちを吐けるよね。

俺が興味ある問題は、「生きるか死ぬか」についてだけだった。まず、自分個人の日記に「生きるテーマとは何か？」「壁にぶち当たったときどうやって壁と向き合うか？」と、どんどん自論を発信した。

他人の日記にも積極的に書き込みしに行った。すると相手も「こいつはどんなヤツだ？」と思って俺のページを見に来てくれる。プロフィールには俺がいろんな職歴があって、バイク事故で死にかけて、出家してまた社会勉強のために世間に戻っていると書いてあるもんだから、特殊な経歴を面白がってもらえて、むしろ相手の方から「話を聞いてくれ」と来てくれた。

そんないきさつから、次に「死にたい人」というコミュニティを開設した。メンバーで自殺の名所に行くツアーなんかも企画した。20人ぐらいで自殺の名所・城ヶ崎のつり橋に行ったときは、海の断崖を見てみんな震えていた。「無理だね、こんな怖いところ」と笑い合いながら、やがて「たぶんこの辺りから飛び降りたのかな」と誰からともなく立ち止まって静かに合掌《がっしょう》し始めた。そんなふうに企画したイベントは、命の感覚を取り戻したり、死にたい気持ちに共感したりできる場になった。

俺はさらに他の自殺系や病み系のコミュニティにも書き込んだ。そういう場に集まってくる人が本当に危ないかどうかは、文章を読めばわかるので、深刻なレベルだと思った人をケアして、信頼関係を作れたら今度は「死にたい人」に誘った。他のコミュニティも基本的に死にたい人たちだけの集まりだったけど、俺が追い出されることはなかった。

こうして「死にたい人」は、よっぽど親しい間でなければ話せない、いや今の時代、友人にすら話しづらくなっているような本音をぶつけて毒を吐ける、文字通り僧侶が構える「駆け込み寺」へと成長し、メンバー数は約700名へと急増していった。

ところが翌年、ちょうど集団自殺や『完全自殺マニュアル』が問題視され始めたせいか、突然「死にたい人」が削除されてしまった。自殺や殺人を匂わすような他のコミュニティも同様の目にあった。せっかくみんなが吐き出してきた苦しみが消えてしまった。お互いの絆を作っていた証《あかし》が……。

じゃあ「自殺」っぽくない名前ならいいんだろ、と次は「消えない人」を作った。画面トップには「自死に関するコミュです。一般的にタブー視されている自殺について、本音で話ができる場をつくることを目的としています。とりあえず一言のこしてね。」というメッセージを掲げておいた。またいろんな新旧メンバーが入ってきてくれて、「消えない人」のメンバーも最大で約500名にのぼった。

ミナはそんな俺のmixi活動に伴走してくれていた。数か月すると、彼女はもう一人の死にたい人、ルイを紹介してくれた。ルイは「消えない人」のメンバーにはならなかったが、ミナとはずいぶん前からよくお互いの日記にレスを付け合っていた。彼もまた西洋哲学の知識が深くて、いつも「生きる意味とは何か」を問い続けて「死ぬためにはどうすればいいか」「いつ死のうか」といった話題について深い議論を繰り広げていた。俺も二人のやり取りによく参入したものだ。ルイは語りえないものを詩的に表現する天才的な感性の持ち主だった。

二人は『般若心経《はんにゃしんぎょう》』が好きだった。俺も好きだけど、禅の修行道場ではあまり思考してはいけないし、むしろ禅は日常の暮らしのなかで『般若心経』の教えが染み込むような、自分のなかで腑《ふ》に落ちていくような実践を重視する。でも、二人は『般若心経』を哲学的に読み、「なんと絶妙に物事の理《ことわり》を言い表しているんだろう」と感心していた。

正しさや真理を説明するのに、哲学は論証を重ね、心理学では統計を用いる。でもそうした客観的な真理が明らかになったからといって、それが一人の人間の「生きること」とどう関係するっていうんだ？　人間一人の命にどんな意味をもつっていうんだ？　「命」だとか「生きる」「死ぬ」という主題を言い表そうとすると、もう『般若心経』みたいに「ギャーテーギャーテーハラソーギャーテー！」とシャウトしてしまうしかないんじゃないだろうか。それこそが『般若心経』のすごさなのだ。ミナとルイは「これこそ真理だよね」「掘れば掘るほど面白みがある」とよく盛り上がっていた。

ある日、ルイは自殺未遂した。そして「また実行する」と決意し、mixiの日記でカウントダウン計画を刻々と実況中継し始めた。もちろん俺とミナはルイの感情を揺さぶるようなレスを書き込み、必死に止めようとした。

だけど、ルイは本当に死んでしまった。最後の日記に「水は流れるんだよ」という言葉が残されていた。書き込みが途絶えたことに気づいたミナが「本当に逝っちゃったのかも」と心配し始めた。でも、ミナはルイの住所がわからなかったので探せなくて、彼の知人が発見したとき、ルイはすでに死んでいた。

それから1週間ずっと、ミナはルイの日記に書き込み続けた。ルイはもうこの世にいないのに、返信などないとわかっているのに、毎日止まらなかった。二人が好きだった『般若心経』の一節を書くこともあれば、「勝手に逝くんじゃないよ！」という怒りや「『水』って何なんだよ？」という疑問をぶつけることもあった。過去のやり取りを引用して「あのとき、あんなふうに言っていたよね」と回想することもあった。短いレスもあれば、ものすごく長いレスもあった。

ミナはレスを書きながら問い続けた。俺もときどきレスを付けた。同じ疑問をもっていたからだ。打ち明けてほしかったのに……何でだよ？　本当に、「水」って何なんだよ？　水は滞《とどこお》っていると腐っちまうだけだし、流れないといけない。なら、お前が死ぬことは必然の流れだったのか？　それとも、流れる（死ぬ）ことによって次のステージに移動したっていう意味か？　まるで仏教の輪廻《りんね》じゃないか……。

1か月、3か月と徐々に頻度は低くなっていったけれど、ミナの書き込みは2年ほど続いた。ミナのレスは論理的でもあった。ルイの最後の言葉からずっとレスを付けては問い続けて、その問いに自分で答えを出し続けるという作業を繰り返していた。mixiのコメント制限数の1000に達したとき、彼女はそれ以上書き込めなくなった。

俺とミナはルイの命日に代々木公園や上野公園で待ち合わせて供養《くよう》を続けた。でも生前の住所がわからなかったので、ミナがたぶんこっちの方向だろうという方角を向いて一緒にルイのために『般若心経』を読経《どきょう》した。

そのうち俺が岐阜県の寺に移ったので、ミナとなかなか会えなくなってしまった。でも、「危なくなってきたら、ちゃんと話そうぜ」と同盟を結んでいたので、ミナはフラッシュバックが起きたり、「先に逝かれた」という気持ちが高ぶったりすると電話をかけてきた。そんなときには「とりあえずお経をあげよっか?」と俺が『般若心経』を読むと、彼女も俺の読経に付いてきた。

三人をつないでいた絆が、『般若心経』だった。

本音が「生きる力」に変わるまで

あるとき、ミナがまた「紹介したい人がいる」と言ってきたので、とりあえず三人でインターネット上でチャットすることになった。男はトモといって、20年間外に出ないで引きこもり生活をしており、引きこもりたちのオンラインコミュニティのリーダーだった。

そのコミュニティは非公開だから俺は入ったことはないけれど、全国にいるメンバーたちが「どうやって引きこもったまま生計を立てていくか」という問題を実現するために、株や投資、在宅ワークなどについて情報交換を重ねていた。パンデミックを経験した今の社会ならばリモートワークも一般化してきているけれど、当時の俺は「そんなことができるのか!?」とその斬新なアイデアに感心した。

そのコミュニティは、引きこもりの人のためであって「死にたい人」のためではなかったけれど、俺はトモと仲を深めて「それで、トモはどうなの？　引きこもったまま生きていきたいの？　それとも生きていたくないの？」と聞いてみた。

するとトモは「できることなら早く死にたい」と答えた。トモは、20年前に父が自死してから、母がうつ病になっていた。介護のために病院に付き添う必要が出てきたのだが、何としても外出したくない。引きこもったまま生きていけないなら死を選びたいと言う。ミナも同様に死にたい気持ちが大きくなっている時期だったので、二人は共鳴し合っていた。

「どんな死に方が一番いいんだろうな？」と俺も真剣に会話に入った。二人が「まあ……野垂れ死にか餓死かな？」「野垂れ死にが一番カッコいいかも」と返してきた。

俺がさらにアイデアを出した。

——野垂れ死にが一番問題にならないのは行脚《あんぎゃ》の最中じゃない？　なら、四国でお遍路《へんろ》でもやってみたら？

すると『般若心経』が好きで仏教にも関心があったミナがすぐに反応したので、俺はさらに提案した。

――ミナがお遍路したいみたいだから、俺も一緒に行くことにするよ！　トモはどうする？

トモも参加することになった。

ところが、葬式の法務が入って俺が寺を抜けられなくなってしまい、ミナとトモだけで四国へ出かけることになった。二人はさっそく野垂れ死のうとしたが、倒れているとすぐ人が助けてくれたり、食べ物や飲み物を持たせてくれたり、日用品まで恵んでくれたりして、なかなか野垂れ死なせてもらえなかったそうだ。

1か月ほどして東京に戻った二人は、「人のありがたさが初めてわかった」「何度も涙が出るような人の温かさに感動した」と前向きな気持ちに変わっていた。しかも、トモは引きこもりをやめて働き始め、やがて二人は結婚した。

ミナは今、幸せに暮らしている。そうして、2007年から2009年にかけて、ドキュメンタリーのテレビ番組が俺を密着取材したとき、撮影にも協力してくれた。

制作者の岡部さんが全国紙に載った俺の記事に興味をもって、構想を温めてくれていた。過去にもいろんなテレビ局ががんばったけど、取材は成功しなかった。だって、自殺したいような人たちの間にいきなりでっかいカメラを構えて入っていったら、イヤがられるに決まっているだろ？　でも、岡部さんは違った。何度も寺に足を運んで、時間をかけて相談者と仲良くなってくれた。そうなるまで決して撮影しなかったし、カメラも小さなハンディカムで相談者の顔を写さないように配慮してくれた。そうして、30か月の時間と労力をかけて、俺の35歳から37歳までの自殺相談の活動を記録してくれた。

岡部さんはミナとも東京で何度も会って、ついに撮影を許可してもらえた。ミナともう一人を除いて、相談者の全員が取材を拒否していた。かつて自殺志願者だった自分をメディアにさらけ出すなんて、誰だってイヤだろう。でも、ミナは俺に救われたことを感謝してくれていたし、岡部さんを信頼していた。なぜ撮影が必要かもわかっていたし、この番組が心の支えになる人がいることを、ルイみたいに死んでしまう前に救える人がいることをわかっていた。

やっぱり本音で作り上げた関係って大きいよな、と俺は感謝でいっぱいだった。

桜が咲き始めた東京の小さな公園で、俺は約1年ぶりにミナと再会した。

——久しぶり。今はどんな思い？

——いやーもう「いつでも死んでやるぜ」っていう。フフ。

——ハハ、ある意味強いね！「いつでも死ねるわ」って思えばね。しょっちゅう「死ぬ、死ぬ」って言ってるしな！

撮影班の前で公園のベンチに座りながら、俺たちは話し続けた。

——私が死にたいって言ってるときに、一徹が何をしてくれたかというと、たとえば家に来て一晩中そばにいてくれたとか、そういうことじゃない。だけど、私が本当に死にたいって困っているときは、いつも声をかけてくれた。それがネットの文字のやり取りだとしても、すごく重いことなんだよね……。

──そうだな、実際、この4年間で3回か4回しか会ってないけどね。それでもこうやって、つながっていられるってありがたいよな。

──私だってね、生きていられるものならば生きていた方がいいとは思うけど。だけど同時に、死んだっていいんじゃないのっていう感覚もあってね……。

ミナの言葉が、日本社会で生きるすべての、もっというと世界で生きるすべての人がもつ気持ちを代弁している気がした。俺が自殺相談の現場で実感するのは、誰だって心の底から死にたいわけではないということだ。死にたいのではなく「生きづらい」のだ。生きることが苦しいから、消去法として死を選ばざるを得ないのだ。

家族も住む場所も仕事もあっても、空《むな》しくなったり寂しくなったりする瞬間がある。突然「自分なんていらない人間なんじゃないか？」という孤独感が自分を襲ったとき、家族にすら言えないこの気持ちをどこに吐き出せばいい？

俺たちは公園の屋台に移動し、「やっぱ花より団子だよな」とみたらし団子を買って食べた。こうやって桜の下で笑いながら死を語れる関係にまでなれたことが、俺はうれしかった。

ここまでの道のりは決して平坦ではなかった。それは長い道のりだった。

死にたくなる気持ちは、話してすぐにパッと消えてしまうような簡単なものではない。死にたい気持ちをまず誰かに打ち明けるまでのハードルも高いし、気持ちを受け止める相手との関係を築く時間もかかる。そうであっても、誰かの「死にたい気持ちに寄り添うこと」は、確実にその人の命をつなぎとめる方法の一つになる。

日本で自殺が社会問題になるずっと前から、ミナは俺に死にたい気持ちを打ち明けてくれた。思い返すと、俺は行政や法相談に掛け合って何か具体的に行動したわけではない。ただ彼女が投げかける本音に、俺も本音で打ち返してきただけだ。それが俺なりの「寄り添い方」だった。

人を救えるかなんて、最終的にはわからない。人を救うことなんて、できないのかもしれない。だけど、そばにいて力を養ってあげたり、辛い時期を一緒に乗り越えたりすることならできると思っている。

俺がミナのエピソードを、「本音のトリセツ」と名づける理由もそこにある。現代の世のなかでは、広く浅く深入りしない人間関係がよしとされ、SNSのフォロワー数が多い人が評価される。深刻な悩みを打ち明ければ「重い人」と敬遠されてしまう。

そんな状況で、君たちはどれぐらいお互いに本音をぶつけ合えているだろうか？　苦しみや怒り、死にたいという本音を話せる場は少なくなっていないだろうか？　だから、俺はコミュニティを開設し、「本音」を通じて人とつながる場を作ろうとした。そこでミナと出会い、長い時間をかけて信頼関係を作ることができた。

最後に、忘れないでほしい。「死にたい」気持ちは、吐き出してしまえば生きる力に転じることができる。だからこそ、本音をぶつけ合うことを恐れないでくれ。

覚悟を決めれば生まれ変われる

物理的限界なゾンビ夫婦

バイク事故で生死をさまよった24歳の時から、俺の人生は激変した。もうバカ騒ぎや芸能ニュースなんてつまらなくなった。「生きるか死ぬか」の問題しか興味をもてなくなってしまった。

2年後、「僧侶募集・未経験可」という禅宗単立寺院の新聞広告を見て、得度《とくど》した。仕事は事務的なペット葬儀だったけど、仕事場に仏教に関する本がたくさん置いてあって、俺はむさぼるように読んだ。そのうち本格的に修行してみたくなり、あらためて本格的な僧堂に入った。

約5年間、読み書き禁止・テレビ禁止で、ひたすら座禅する毎日だった。そうして僧堂から出てきた俺は、伝統的な型通りに続けてきたこの修行が社会で通用するのかという「ビフォーアフター」を知りたかった。それで、某巨大チェーンのハンバーガーショップで働こうと思った。合理性と効率性を追求する超外資系の職場で、「禅が意味をもつのか？」と問いかけたかったのだ。

ところが、面接での第一声は「雇えません」だった。

——どうしてですか？　顔のせいですか？　第一印象が悪いのはわかっていますけど、理由を教えてください。

俺はこれまでも面接で落とされたことがある。眼光のするどい強面《こわもて》だし、体も180センチを超えてるから、よく怖いと言われる。たしかにハンバーガー屋よりラーメン屋っていう顔だよな……。

店長は俺を見つめながら静かに返答した。

——そうじゃなくて、頭が悪いです。

——頭ですか⁉　たしかに良くはありませんが……。

——いえ、髪型です。

スキンヘッドがダメらしかった。五分刈りぐらいまでなら伸ばせるけど、できるだけ短くしたいので、無理ならしょうがない。

履歴書を返してもらおうとしたとき、店長の目がふと志望動機に止まった。

——根本さん、「もういちど社会勉強がしたい」って書いてありますけど、どうしてお坊さんがハンバーガー屋さんで働くことで社会勉強になるんですか？

脱サラして僧堂に入っていた坊主が、修行から出てまたハンバーガー屋で働きたい理由に興味をもったようだった。

――私は隔離された世界で修行しましたが、それが一体どういうことだったのか、知りたいんです。高校時代にハンバーガー屋でバイトした経験があるので、もう一度働きたいんです。

――でも、こんなところでは社会勉強になりませんよ。過酷《かこく》すぎて……。

――何がそんなにひどいんですか？

――労働時間が長くて月に1、2回しか家に帰れないんですよ。バイトスタッフは平気でドタキャンするし、根本的に人が足りていません。業績や責任を厳しく問われるだけで、私なんて名ばかりの店長です。今32歳ですけど、こうやって私の人生って終わっていくんでしょうかね……。

面接の時間が店長の身の上相談になった。

――俺もかつて同じ質問をしたことがあります！

俺は身を乗り出して、ニューヨークの禅堂に行った話をした。日本の僧堂で何年間も死に物狂いでがんばってきたのに、自分は相変わらずダメなところだらけだった。どれほどあがこうが結局人生は変わらないんじゃないか？　悟りなんて到底無理なんじゃないか？と自暴自棄になっていた時期だった。

この閉塞感を、自分の老師《ろうし》には言えなかった。「じゃあやめろ」「出直せ」と言われるだけだし、そんなやり取りにも、毎日の生活パターンにも飽き始めていた。そんな頃、日米合同の僧堂修行に参加する機会をいただいた。そこで思いきってニューヨークの老師に打ち明けてみた。

——人間って、どうしようもないんですかね……？

——「どうしようもない、どうしようもない」と言っていても、棚を揺らさないとぼた餅は落ちてこないぞ。

老師ご自身も師匠から突然ニューヨークでの布教を命じられたという苦労話を打ち明けてくれた。英語もできないのに、西海岸ならまだしも東海岸のビジネスシーンなんで不安だらけのなか、しかたなく道端で座禅する日々からスタートした。そのうち一緒に座ってくれる人が現れ、ガレージを貸してくれる人が現れ、徐々に賛同者が増えていった。今ではこんな立派な禅堂ができて、世界中から修行者がやって来るようになった。

それを聞いて、悟りの道へ導いてもらえた気がした。それまでのモヤモヤが晴れた。そうか、なんだかわからないけど棚を揺らしていたら、そのうち「ぼた餅が落ちてくる」んだ！　それを老師が体現してくれていた。俺もすぐに結果を求めず、早く答えを見つけようとせず、棚を揺らし続けていくか！

そんな話をした後、店長が「根本さん、私も棚を揺らしたいですよ！　何とかしたいですよ！」と共感してくれた。それでなんとか俺を雇うために上司に掛け合うと言ってくれたので、「俺もなるべく髪を伸ばします」と譲歩することにした。

店長は、俺の「生き直したい」という願いをかなえてくれた。最終的に、聖職者には例外があることや店長の「社会勉強」という主張も功を奏して、俺は記念すべきスキンヘッド採用第一号になった。

俺と店長は、一緒に業務を効率化して店長が通常の勤務時間内で帰宅できるように試行錯誤を重ねていった。仕事以外に人生についてもよく話し合った。みんなで職場を作り上げげて、魂を磨きあげていける場を目指した。そんな俺たちのやり取りを見ていた他のスタッフたちも、悩みを打ち明けてくれるようになって、休憩時間は「根本の相談コーナー」になった。異色の経歴をもつ坊主で、かつ同じ立場のバイトの俺にはみな話しやすかったのだろう。

就職氷河期のさなか、学生スタッフたちは「何のために生きているのか」「この社会でどうやって生きていくのか」という命題にぶち当たっていた。いくら悩んでも、解決しなきゃどうしようもないじゃん。絶望しないでほしい。俺は身近な人を三人自殺で失っているので、能力のある若者に死なずに羽ばたいていってほしくて、熱心に相談に乗った。

2004年、学生バイトの一人が開始したばかりのmixiを教えてくれた。そこからは第1章で触れた通りだ。「死にたい人」は運営の削除で消えてしまったけれど、コミュニティは「消えない人」に名前を変えて続いていった。その間、俺もハンバーガー屋のバイトを辞めて、岐阜の田舎の寺で住職になっていた。

2009年の初夏の昼下がり。俺は寺の客間でパソコンを開き、カチャカチャと「消えない人」の書き込みに返信していた。

「ボスンボスンッ！」と壊れそうなエンジン音が聞こえてきた。「何だこの変な音は!?」と、開けっ放しの山門に出て行くと、突然、ポンコツの軽バンが止まった。

車から男女が出てきた。ユルーリと動くそのさまは、まさにホラー映画のゾンビだった。もう長いこと洗濯していないのか、ものすごく汚くて垢《あか》じみた服を着ている。体は骨と皮だけでガリガリだし、眼はくぼんでいて充血し、唇はひからびて粉を吹いていた。さらに近づいて見ると、二人の首が真っ赤にうっ血して、赤黒くなっていた。

「どうなさったんですか？」と聞くと、男性は口をモグモグ動かそうとしたが話すことができず、頭をガクンと90度垂れたまま黙っている。どうやら話せないらしい。女性の方がかすれた声で何とか口を開いた。

——死のうと思って、お互いの首を何度も絞めたけど、力が無くて死ねなかったんです。ここで死なせてもらえますか……？

「これはまずい。とにかく水と食べ物をあげなきゃ」ととっさに判断して、寺に上がってもらうことにした。暑かったからよけいに二人が臭くて、「客間に座らせたら座布団が汚れちゃうかな……。ま、いっか、また洗えば」という考えが頭をよぎったことは覚えている。二人は玄関口に上がってくるときもヨロヨロしていて、お互い支え合わないと靴も脱げないほどだった。

家内が外出していたので、俺は冷蔵庫の残りものを集めて客間に持っていった。急に食べると体に良くないから、「慌てないで、ゆっくり食べて」と声をかけた。久しぶりの食事だったのか、二人はご飯や総菜をむさぼるように食べていた。

食事しながら、女性の方に身の上を語ってもらった。タカシさんとキヨミさんは40代の夫婦で、数か月以上、車上で生活していた。

――どういうわけでこの寺に来たんですか？　一体何があったのですか？

――私たち夫婦は県内の者なので、役所がこの寺のことを教えてくれました。お坊さんが自殺防止をやっているから行ったらいいんじゃないかと勧《すす》められて、探してやって来ました。

——なんでまたこんなことになったんですか？

——二人とも同じ工場で派遣社員として働いていて社宅で生活していましたが、派遣切りにあって社宅に住めなくなったんです。どこかに引っ越そうとしても当てもなくて、転職しようとハローワークを転々としたけれど、採用してもらえません。住所がないので書類選考で落とされるんです。

いろんな場所に駐車しては、車の中で生活していました。家財道具を車に積んだまま、流れ者みたいに……。でも、違法駐車しているとすぐに近隣の人に通報されて、車をどけろと言われます。貯金も使い果たしてしまい、お金も食べ物もなくなりました。いろんな場所を回ったけれど、どこにも安心して暮らせる場所がありません。生き場所がなければ、死に場所もありません。こんな生き地獄を終わらせたいです……。

キヨミさんの口ぶりから、本当に生きていくのが大変だと伝わってきた。俺は「なぜ行政がこの夫婦に大禅寺《だいぜんじ》を紹介したのだろう?」と不思議に思い聞いてみると、二人が何度も自殺未遂をしたからだそうだ。たしかに、二人の首には首を絞め合った跡がうっ血したままだった。だけどもうフラフラで絞めつける力がないのか、愛情が残って殺し切れないのか、なかなか死ねなかったらしい。

俺は、「二人の人間が死のうと思ったとき、同時に首を絞め合うってあんまり段取りよくないよな」とまた不思議に思った。どうせなら飛び込むとか、まず一方が他方を殺すとかした方が効率的なのにな。でも、そんな不器用さも二人がお互いを思い合っているからこそなのかもしれない。「なれそめは職場結婚なのかな?」なんて想像した。

キヨミさんはさらに懇願した。

――このまま置いてください。放っておけば餓死するでしょうから。どこにも行く場所がないので、ここで死なせてください。

――あのさ、「寺の前に車を置かせてくれ。死んでいくのを見守ってくれ」と言われて、坊さんが放っておくわけないだろ？

――死ぬことも許されないんですか？　何度も自殺未遂したけど、あちこち回ってもうボロボロです……。

俺は、タカシさんとキヨミさんがここまでひどい状況に追い込まれていることに、やるせなくなった。だって、普通は失業中の人でももう少しちゃんとした服を着て相談に来るというのに、この二人は真っ黒で垢だらけの服装でやって来た。髪も伸びきってぐちゃぐちゃにうねり、脂と垢で固まってドレッドヘアみたいになっていた。

俺は、今まで新宿や西成のホームレス生活者も見慣れていた。そういう都会のホームレスは段ボールを組み立てて暮らすが、地方に行くと車上生活者が多いことも知っていた。二人もまた家を追い出され、土地を追われて、車の中で雨風をしのいで暮らしていた。日本中どこを探しても、他人の土地しかなく、自由に使える場所などない。逃げ場がなくて車を走らせ隠れて生きてきた。その車が動かなくなったとき、ついに

「死のう」と考えた。

いろんな相談者が大禅寺にやって来るなかで、「死にたい」という言葉は同じでも、本気の人もいれば、話を聞いてほしいだけの人もいる。俺はさらに考えた。二人の行為は本当に自殺未遂なのか？　もっと確実に死ぬ方法があるはずなのに。「死なせてくれ」とお願いしながらも、本当に彼らが求めているものは違うんじゃないか？

要は、環境が整いさえすればまだ二人で生きていけるはずだ。今は車の中で暮らすしかなくて苦しいだろうけど、二人の魂にはまだ「生き残ろう」という思いが残っているんじゃないか？　だから死に切れないし、相手を殺し切れないんじゃないか？

自殺問題が報道されるとき、メディアは失業や健康などの動機をクローズアップすることが多い。しかし、実際の俺の相談現場では、自殺したい人の悩みは圧倒的に不安や孤独など心の内側の問題が原因だ。仕事も収入も人間関係も申し分なくあるのになお、ネガティブな感情がわいて死への願望が止まらず自殺したいと嘆く人を今まで大勢見てきた。

他人から見ると「そんな理由で？」「死ぬ方がよっぽど勇気がいるのに？」と理解してもらえないささいな問題でも、本人にとっては生死にかかわる大きな悩みなのだ。

だから、相談の場では相手の話を決して軽んじず、聞く姿勢を大切にしている。

だけど、いま目の前にいる二人のケースは、誰もが納得できる苦境そのものだった。自殺相談の現場ではあまり出会わないタイプだ。仕事・お金・住む場所といった外的要因をすべて失った、いわば外的要因に打ちのめされて未来が閉ざされた状態だった。二人は明らかに生きることに疲れ切っていた。この状況は、精神的というより物理的な辛さだ。

いくら貧しいといっても、今の日本社会で深刻な飢餓や餓死の問題など存在しないかのように思われている。だが、俺の目の前にいるのは、本当に食べていくことが難しいために「ここで安らかに終わらせてくれ」と懇願する人たちだった。「こういう人たちもいるのか……」とあらためて知った。

止掛搭《しかとう》で棚を揺らせ！

俺はキヨミさんの話を聞きながら、何とかこの状況を突破できるような縁を見つけようとした。タカシさんは孤児なので身寄りがないが、キヨミさんの実家は地方で代々続く旧家の本家筋だった。でも、一人娘なのにタカシさんと結婚して家を出てしまったから、両親から「二度と敷居をまたぐな」とまで言われてしまい、長いこと絶縁状態だと言う。そのうえ父親の葬儀にも呼んでもらえなかったキヨミさんは、ますます母親への恨みを募らせていた。さらに、タカシさんの声が出なくなったのは、キヨミさんと両親との確執に精神的ストレスを募らせたからだと言う。

何とかがんばってきた二人だけど、自助では解決できなくなってしまった。共助（他人の助け）となると、タカシさんは孤児院育ちだし、キヨミさんには立派な実家があっても折り合いが悪いので実家を頼ることは難しい。だからこそ、ここまでの窮状になってしまったのだろう……。

それでも、キヨミさんの実家が残された唯一のつながりならそこから広げていかないといけないと思った。空気を深刻にしないようにと、俺は軽い調子で言ってみた。

——死にたいからといって寺の前で死なれるのも困るよ。実家に行ってみたらどう？　どうせ野垂れ死ぬなら、実家の玄関で死ねばいいじゃん。知らない場所じゃないし、っていうのは冗談だけどさ（笑）。

だが、キヨミさんは「絶対に実家に帰りたくない！」と頑《かたく》なだった。そこで、俺はタカシさんの方を向いて言った。

——今だってさ、すごく美味しそうにご飯を食べてたのに、死んだら食べられなくなるよ？　実家に行けば何かしら食べ物はあるんじゃない？　車の中で生活しなくてすむよ？　一緒に実家に行って再出発させてもらいなよ！

タカシさんはうなだれたまま聞いていた。

——お母さんは一人で寂しいだろうし、助けてあげた方がいいんじゃない？　だんだん年老いて不自由になるから、二人でまだ役に立てることがあると思うよ。親孝行だと思って、行ってやり直してみたらどうだろう？

しばらくの間、タカシさんは考えていた。やがて、言葉を発せられない代わりに首を縦に振った。俺はさらに「キヨミさんの実家に上げてもらうために頭を下げられるか？」と聞くと、またうなずいた。

するると、キヨミさんは何度も何度もタカシさんの顔をのぞき込みながら、「あなた、やるの⁉」とビックリした。彼女自身はやりたくない気持ちもあったのだろうけど、「あなたがやりたいなら……」と言った。

同時にその口ぶりがちょっと喜んでいるように見えた。きっと、タカシさんもキヨミさんの実家で、職場で出会っただけの素性のわからない男のくせにとそうとう厳しく言われたはずだ。キヨミさんの実家に近づきたくなかっただろうに、彼が決意してくれたことがうれしかったんじゃないかな。

俺は僧堂の止掛搭《しかとう》という、修行の許可を得るしきたりについて話をした。「シカトする」の語源でもある。道場に着いたら、入門を希望する僧はまず「止掛搭」と書かれた大看板が掛けてある玄関先で「お願いします」と頭を下げる。だけど通常は「うちはもう一杯ですので食事も出せません。お引き取りください」などと断られる。それでも頭を下げたまま2日間ほどお願いし続ける。これを掛搭詰《づ》めという。

人生のなかで最も長く感じる時間だ。本堂を向いていないといけないから体をよじるような姿勢を続けないといけない。下げ続ける頭に血が上るし、鼻水も垂れてくる。たくさんの人が通り過ぎるのを感じるけれど、前を見られないので何の音かわからなくて怖い。「何でこんなところに来たんだろう?」という不安が頭をよぎる。ふと見るとまだ半日しか経っておらず、「俺は耐え切れるだろうか?」とゾッとする。トイレには行かせてもらえるが、頻繁に行くと一からやり直しになってしまう。

こんなふうに土下座し終えると、カマボコ板みたいな名前を書いた札を禅堂の一番下坐、自分の席の天井に掛けてもらえる。これが入門を許されたというしるしになる。掛搭をいただくまでは厳しいけど、2日間頭を下げ続けたら、生前(禅堂に来る前の経歴)は問われず、どんなエリートでも犯罪者でも掛搭(=入門)を許される。逆に言えば、2日間できなければ、「そんな道心《どうしん》ではダメだ」と追い返される試験なのだ。

それから、「覚悟」の話もした。苦しい状況から逃げるための「死ぬ覚悟」じゃなくて、生き抜く覚悟のことだ。もっと言えばどこまで死に切って生きるかという覚悟だ。二人は死ぬ覚悟で大禅寺にたどり着いたけど、その覚悟をさらに超えて生き抜いてやるという覚悟をもってほしかった。

——死に切るっていうのはさ、今までの自分を捨て切って真っさらになることだ。この寺で1回死に切って、また新しく生まれ変わるぞという覚悟を決めてほしい。

話を聞きながらタカシさんは黙ってうなずき、キヨミさんは涙ぐんでいた。一人では死ねなかったけど、二人ならここでまた生き抜けるって思ってくれたみたいだ。

そうして、俺は話を締めくくった。

――覚悟を決めて二人で掛搭詰めをやってみなよ。この生き地獄を耐えるよりも、もう1回生まれ直してがんばるという姿勢をお母さんに見せてみなよ。二人でならキヨミさんもできるでしょ。

タカシさんはまたうなずいた。ついにキヨミさんも「あなたがやるならついて行くわ」と答えてくれた。

日も落ちた頃、みんなで寺から出て二人の乗ってきた車へと戻った。なんと、ガソリンが空っぽだった。だからエンストみたいな音がしていたのか（笑）。俺は少しお金を渡して、「近くにガソリンスタンドがあるから。がんばってくるんだぞ！」と送り出した。

3日ほど経っただろうか。キヨミさんから連絡があった。なんと実家と和解できたらしい！　二人が実家のインターホンを押すと、顔を見るやいなやキヨミさんの母親は「敷居をまたぐな！」と叫んだ。それでも二人は玄関前で頭を下げ続けた。やがて日も暮れて夜になった頃、母親は「いいから上がりなさい。とにかく風呂に入りなさい」と観念した。

実家に上がることができた二人は、ついに母親から「そんなに反省しているんだったら、やり直していい」と許しを得た。キヨミさんは「しばらく実家に置いてもらえそうです」と報告を終えた。俺はまた軽い調子で「うまくいくかわからないけど、まずはがんばってね！」と電話を切った。

3か月ほど後に、また連絡があった。二人とも仕事が見つかり、足が不自由になっていた母親のために家事を手伝ってあげるぐらいの関係になっていた。そうして、今は三人仲良く実家で暮らしているそうだ。本当に止掛搭に成功したのだ！

タカシさんとキヨミさんは、二人だけでは「あれもこれもダメだからもう死ぬしかない」と行き詰まってしまい、最終的に大禅寺に来た。仲良し夫婦とはいえ、あのまま二人でいたら「もうどうしようもない」という思考回路から抜け出せなかったかもしれない。

ところが、お腹を満たして落ち着き、第三者である俺を交えて一緒に可能性を検討してみたら、無理だとあきらめて選択肢に入れていなかった実家の存在を思い出すことができた。死ぬしかないと思っていたけど、第三者とあらためてすべての可能性を整理してみたら解決の糸口が見えてくる。やっぱり「言葉に出す」って大事なんだ。ちょうど思い詰めていた俺がニューヨークの老師に問いかけたように、ハンバーガー屋の面接で店長が俺に打ち明けたように、ぼた餅を落とすために棚を揺らしてみた。

それでも、キヨミさんにはプライドという問題が残っていた。そういう場合、俺はよく相談者に「頭を下げてみな」とアドバイスする。土下座って最近は社会問題になるけど、土下座で済むならいくらでもやってみるぐらいに、軽く考えたらいいときもある。あれこれ謝罪の言葉を並べるより、行動で示した方が相手も折れてくれることが多いからな。

止掛搭にはもう一つ効果がある。相手の心が折れるだけではなく、自分も頭を垂れている間にいろいろな思いが巡り出し、自分の余計なプライドも折れてしまうのだ。
きっとタカシさんとキヨミさんも実家で頭を下げて床を見つめている間、今までしてこなかった自問自答や内省を繰り返したに違いない。そうしている間に「ここに来るまでのどん底を知った今では、土下座で許してもらえるなら、これから何でもやっていける」と気持ちが変化したのではないだろうか。

覚悟を決めてみたら、袋小路だと思っていた人生に突破口が見えた。君がもし孤立して苦しんでいるなら、止掛搭を試してみてほしい。プライドを捨てて他人に救いを求めたらいい。止掛搭という「棚」を揺らし続けていれば、「新しい人生」というぼた餅が落ちてくるはずだ。

エリートの分析癖ゆえの苦悩

知らない男が家の中に⁉　心霊現象に悩まされる不安の日々

あれは6月末の蒸し暑い昼下がりだった。俺は朝から寺の前の田んぼの草引きをしていた。無農薬で米を育てているから雑草の成長が速いのだ。汗だくになったのでシャワーを浴びて涼んでいた3時頃、大禅寺《だいぜんじ》の電話が鳴った。

――すみません、相談したいんですけど……。

――どうしたんですか？

――どうも家でおかしな現象が起きていて……もう死にたいです。死にたい衝動が出てくるので、相談に伺ってもいいでしょうか？

女性の声は遠慮がちだったが、俺がさらに問いかけるとしっかりした答えが返ってきた。

――死にたい衝動の原因は何ですか？

――それは……どこからさかのぼってどの時点から話すべきなのかわかりません。

この女性への第一印象は「頭の良い人」だった。声はこもり気味だけど聞き取りやすい話し方だし、内容は整理されていて返答も速い。

自殺相談の電話かどうかは第一声でわかる。彼女の声も元気がないからすぐにわかった。だけどたいていの場合、「どうしたんですか？」と聞くと、相手は「死んだらいけないですか？」「死んだらどうなるんですか？」と逆にとりとめのない質問でもって答える。ならこちらも「どうしてそう思ったんですか?」と聞き返せるから、対話へと踏み込んでいきやすい。

でも、彼女の答えは違った。この人は考えをまとめて、説明不要の部分や説明すべき順番を選別しながら話している様子だった。感情的にならずにしっかり考え抜くタイプなのだろう。だからこそ、考えを固めたうえで「死にたい」という決意を電話で告げてきたようだ。「これは手ごわいな」と俺は感じた。

事情が込み入ってそうだったから、電話では詳しくは聞かなかった。「家の中で不思議なことが起きている」と言われても、うちはお祓《はら》いや祈禱《きとう》はやっていないし、自殺相談の寺だしな。それに、そういう現象が幻聴や幻覚の可能性もあるけれど、実際にストーカーだったという過去の相談もあったので、彼女が説明しづらい理由が何なのかわからない状況では詮索《せんさく》しないことにした。

幻覚や幻聴が止まない状態が事実なら、それもまた危険だ。彼女は入院して治療に万策を尽くしたのに、退院後も不眠が続き症状が悪化していると言う。まだ電話をかけてくれるうちに面談のアポを取らないといけない。

——近いうちに寺に来れる?

——外に出ることが難しいです。電車に吸い込まれそうになるんです。

「電車に吸い込まれそうになる」は相談者がよく使う表現で、「ギリギリ駅員に止められた」「柱につかまっていた」ために間一髪で死を免《まぬが》れるそうだ。電車にぶつかったけど、電車が減速していたから助かった相談者もいた。本当に突然吸い込まれるらしい。

そういう話を自殺未遂した人たちから聞いてきたので、この言い回しを使う状態は深刻だと察知した。早く寺に来させないといけないけど、人は引きこもり始めるとますます他人や外が怖くなる。これでは一人ぼっちで頭を抱えて心が閉ざされていく一方だ。

だからこそ、その状況に風穴を開けるためにも、まず寺に来てもらうようにする。「外に出る」という目標をもってほしいからだ。

——じゃあ、練習しようか。近所の散歩から始めてみようよ。

――たしかに、お寺に行かなきゃ始まらないですよね。では、まずは外に出て駅に行けるように練習してみた方がいいですね。

この人、しっかりしているなと思った。「行けるわけないじゃないですか」「お金はどうするんですか」「そちらが来てください」とウダウダ言い訳する相談者とは異なる反応だった。

こうして「寺に来る」という目標を二人で作ったとき、女性は名前を「トモミ」だと教えてくれた。トモミさんは練習を続けて、2~3週間すると自宅の最寄り駅まで行けるようになった。「いよいよお寺に行けそうです」という電話があった。そこで「ラッシュアワーを避けるようにしたらいいんじゃない？　試してみようか」と話が進んで、最初の電話から4週間以内で、寺まで来る予定が立った。

大禅寺は田園の真ん中にポツリと建っていて近くに駅がない。そもそも駅からのバスの本数は少ない。近隣の県の人なら自分で運転して来るし、取材で来る人はタクシーを使うことが多い。

自殺相談者には、トモミさんのように外出が億劫《おっくう》になっている人が多いのと、移動や交通費の負担をなくしてあげたいのとで、なるべくこちらから駅に迎えに行くようにしている。だが、俺が駅からの移動手段を説明し始めるやいなや、トモミさんは「タクシーで行きます」と即答した。

しっかりした人だな。寺に来るまでのお金もない相談者が多いなか、経済的にも自立した人なのかな。でもそれは、「仕事もお金もなくてどうにもならないです」という人なら福祉的な援助が受けられたら人並みに幸せを感じられるところを、トモミさんは社会でやるべき務めをしっかりやったうえで「死にたい」人だという意味でもあった。やっぱり「手ごわいな」という直感は間違っていなかった。

と同時に、そうした会話のやり取りから、トモミさんが自立して賢そうな人であり、自分で対処できる間は大丈夫そうにも感じた。「死ぬことしか考えていない」という電話がかかってきたから心配していたけど、まずは無事にタクシーに乗ってくるまでは死なずにいてくれそうだ。

7月上旬の平日の昼下がり、タクシーが寺の門前に止まった。目の前に現れたトモミさんは、30歳前後のがっしりした体格の女性だった。いかにも生きているのが辛そうなモッサリした佇《たたず》まいで、ドヨーンと暗いオーラをまとっていた。電話口の明瞭な話し方と外見とのギャップに俺は少し驚いた。
客間に迎え入れると、トモミさんは自己紹介を始めた。住まいはかなり賑やかな都心部だそうだ。俺も東京出身なので地元の話題を振ると、彼女は東京の地理が頭に入っているのか即妙に返す。雰囲気は暗いけど、やっぱり頭がいい。公的機関で管理職をしているエリートで、休職制度が整っているから自宅療養しているとのことだった。

さっそくトモミさんに、「家のおかしな現象」について話してもらった。

――いろんな不安が積み重なって職場に足が向かなくなってしまい、今は治療に専念しています。医師の勧めで入院もしました。でも退院して戻ってきたら、自宅のマンションで変な音が聞こえるんです。台所や風呂場で「ガチャ」「パタン」といったポルターガイストみたいな音が……。
そんな状況だから、夜は眠れなくなってしまい薬を服用しています。やっと寝入ったと思っても、気づくと足元に男の人が立っているんです。もう怖くて気持ち悪くて、死にたくなっています。

トモミさんは、身の回りに起きているできごとを理路整然と説明した。そして、持ってきた二つの大きな手提げ袋をドンッと机の上に置いて、「これが私です」と言い放った。袋の中には、いろんな名医やカウンセラーからの診断資料を綴《と》じたファイルがごっそり入っていた。俺は「おもしれー！」と好奇心を刺激されて、じっくり読んだ。

なぜ面白かったかと言うと、当時、自分の自殺相談活動に対して取材が増えつつあり、苦労していたからだ。とくに海外のメディアは、相談を通じてどのように相手が変わっていくかという「過程」を知りたがるが、心の変化や人と人の響き合いを第三者に説明することは難しい。

だけど、トモミさんのファイルには人間の心理に関する知の集大成が書かれていた。読みながら好奇心が刺激されて、俺は心療内科医が患者の変化を表現する方法について質問しまくった。トモミさんは臆せず解説してくれた。やっぱ頭いいよなあ。

――そこまで自分自身で明確に把握できているのに、何が問題なの？

――「これが私です」と病院で相談しても、気持ちが沈んだままの状態が治りません。根本的に治療するために3か月入院して退院しました。でも薬が効くのは最初だけで、だんだん効かなくなっています。

トモミさんは、俺を取材した新聞の切り抜き記事を見せた。「数年前の記事なのによく持っていたね！」と感心すると、トモミさんは「いつか相談できるようにと残していました。ついにお化けみたいな心霊現象が起きてしまったので、もう相談できる場所はお寺しかないと思い、和尚さんのことを思い出しました」と答えた。

――そんなに苦しんで考え抜いて、行き着いた先は「死にたい」って気持ちだったの？

――はい。ただ日めくりカレンダーをめくるように生きています。インターネットで死ぬことについてばかり検索しています。でも、まだ意識がまともなうちに何とかしたいとも思っています。

――いやいや、十分じゃない？　自分のことをそれだけ分析できているし、自分の治療法も医師の先生たちの診断も分析できているし。しかもこんなに整然とファイルにしているなんて、もはやこれはプロの医者レベルじゃない？

分析の壁にぶち当たったら座禅してみよう

彼女みたいに合理的に考えるタイプの頭の良い人は、最初は医師やカウンセラーといった西洋医学の「理論的な」処置に頼る。それでも埒《らち》が明かなくなったとき、最終的に寺に来るのだ。

――これだけ他人に自分を分析してもらって治療してもらってダメだったら、もう自分でなんとかするしかないじゃん。もう自分で自分自身を感じて知るしかないんじゃない？　自分で暗闇から光を探して見つけるしかないんじゃない？

俺は座禅を勧めることにした。

——きっとブッダもそうしただろうし、俺もかつてそうだった。俺も座禅にすがって自分自身を知って、座禅に教えてもらってどうしたらいいか導いてもらってきたよ。俺のやり方をやってみる？

もともと「現状公案禅《げんじょうこうあんぜん》」ってそういうものだ。あらゆることを全否定されてにっちもさっちもいかなくなって八方ふさがりになったとき、まったく違うレベルの突破口を見せてくれるのが座禅なのだ。

壁があるということは壁の外側があるということだ。その先があることをわからせるシステムこそ、公案禅の「全否定」だ。それが新しい視野をもたらすのだ。

「もうこれ以上分析してもしかたないし、座禅してみない？」と誘うと、トモミさんはいくらか仏教の知識はあったけれど、座禅に関しては未経験だった。俺は方法を教えた。まず足を組んで腹式呼吸する。すぐにいろいろな考えが頭に浮かんでくるけど、呼吸と一緒に洗い流すようにして、ただ背筋をまっすぐにして座り続ける。そうすると心のなかが整理されていく。

30分ほど寺の裏にある縁側で二人で座ってみた。トモミさんは生まれて初めての座禅に感激していた。「物心ついてから今まで、思考を停止することはやってはいけないこと、怖いことだと思っていましたが、やってみたら全然怖くないですね」と言った。

初めてなら「足が痛くてじっとしているのが無理です」「頭の中の考えがごちゃごちゃして集中できません」と言う人がほとんどだ。そもそも悩みすぎる人は日常の呼吸が浅く過呼吸になりがちなので、腹式呼吸ができない。

ところがトモミさんは、じっと心の波を鎮めるように、自身の内側を見つめるように座っていた。そこには静かな空気がただよっていた。「こりゃセンスあるな」と感心して、休憩してからもう1回座禅してみた。2回目の座禅後、トモミさんはさらに衝撃を受けていた。

――和尚さん、驚くことが自分のなかで起こっています！ 思考や意識が生まれる前の静かな世界が存在しています。血液の流れ、心臓の鼓動、呼吸、細胞、エネルギーが体全体にただある、そんな穏やかな世界が、思考が生まれ出る前に存在しているのだと気づきました。

——トモミさん、その発見はすごいよ！　さんざん考え苦しみぬいたからこそだよ。ブッダだって長いこと苦行してみてもがいたからこそ、悟りへと「ビューン！」と振り切ることができたんだよ。

ここまでトモミさんに座禅が合うとは予想外だった。禅僧でも道場のお師家様（指導者）になるには20年かかるものだが、まれに猛スピードで上達する人が出現する。そんな逸材は数百人に一人しか出ない。だけど、在家でも維摩居士《ゆいまこじ》みたいに僧侶顔負けの人もいたからな。

たった数十分座っただけなのに、トモミさんも同じくらいあなどれない。「こりゃあ抜かされちゃうな」と感心しつつ、３回目は寺の表にある縁側で座禅することにした。夕暮れになってきたのでこれで最後にした。

座禅の終了を告げる鐘を鳴らしたとき、ほの暗い景色に溶けこんで号泣しているトモミさんが見えた。座禅すると精神的なショックでパニックになる人もいるので、「大丈夫ですか？」と心配した。

──キレイです……。田園風景も鳥のさえずりも、すべてがキレイです。座禅するまで私には景色も色もありませんでした。だから、感動して泣いてしまいました。

──あなたにはぜったい座禅が向いているから、これからも一緒に座禅しようよ！俺自身も今日の座禅から教えられたことがあったから、明日から夕焼けを見たら座禅する。トモミさんも座禅してほしい。座禅開始のとき、俺がカチンッて音を鳴らしたでしょ。家でラップ音が鳴ったら、開始音だと思って座り始めてほしい。部屋に座禅できる場所はある？

──窓の外にテラスがあります。

──（高級マンションなんだろうな）じゃあさ、男の人が現れたら寺男が「座禅の時間ですよ」と告げる合図だと思ったらいい。

自殺相談では、こんなふうに相談者と俺自身とに「宿題」を出すことがある。次回会ったときに宿題の成果をそれぞれ話し合う。宿題の報告のために次回のアポを取れるし、少なくともその日まで相談者さんは生きのびてくれるからだ。

そうしてトモミさんは、輝いた目で帰って行った。来たときと顔つきが全然違っていた。

2週間ほどすると、また「和尚さん、大変なことが起きました」と電話があった。音も男の人も消えてしまったのだそうだ。不思議に思うトモミさんに、俺は聞いてみた。

――じゃあさ、どっちか選んで。一つ目は、その現象はトモミさんの幻想で、寺に行ったことで幻想が消えた。二つ目は、本当に霊が存在したんだけど、寺に行った影響でどこかに行ってしまった。どっちだと思う?

――後者だと思います。だって、現象として存在していましたから。母や友人にも来てもらって、確認してもらったこともあります。

——じゃあ、なんで状況が変わったんだろう？

——もしかしたら……お寺から戻った後、音がいつもどおり鳴っていたけど、そのたびに私が押入れから座布団を出してテラスに行って座禅して、心地よくなっては部屋に戻って、それを1週間ほど続けたから、彼らはここにいても意味がないと退屈になって、どこかに行ってしまったのではないでしょうか？

——それなら、むしろよかったじゃない。

——和尚さん、私、お願いがあるんです。

——えー、できることしかできないけど言ってみて。

——あの幽霊みたいな存在たちをもう一回連れ戻していただけませんか？

——無理だよ！　俺そんな能力ないし。なんでまたあなたの安眠を奪って怖い思いをさせたヤツを呼び戻したいの？

――お礼が言いたいのです。

――なんで⁉　苦しめられていたのに？

――だって、彼らがいなかったら私はお寺に行かなかったし、座禅もしないであのまま死んでいたと思うからです。命の恩人です。

――なんかもう男女関係みたいだね（笑）。追えば逃げるし、逃げれば追うしで。召還はしてあげられないけど、感謝しているって心のなかで伝えればきっと霊たちも成仏するよ。彼らに感謝の気持ちを送ってあげなよ。

トモミさんは、承諾した。

1年後、彼女は職場に復帰できた。また大禅寺に電話があり、トモミさんが訪問したいと言ってきた。自分が生まれ変わった「命日」だから、お礼を言いに来たいのだと。

昨年と同じようにまたタクシーが寺の前に止まった時、出迎えた俺はあっけにとられた。門に立っていたのは、キラキラと華のある女性だったからだ。健康的に引き締まった体型の、まるでファッション雑誌から抜け出してきたようなお嬢さんに変わっていた！

化粧は「化ける」と書くけれど、いや、女の人は怖いな……。トモミさんは手を振りながら、「和尚さーん！」とハイテンションで入ってきた。とりあえず客間に通して、近況を教えてもらった。

――あれから、何かあったら座禅するようにしているんです。以前は頭の中でぐるぐる思考をめぐらせては苦しんでいましたけど、今は楽しいです。何かあってもささいなことだと捉えられるようになったので。

トモミさんは、明朗な調子で報告してくれた。そして、お礼をしたいと申し出た。

――このお寺にエアコンを入れていいですか？　昨年面会したとき、エアコンがなくて暑かったんです。来られた相談者たちも涼しい中で会話した方が快適でしょう？

「高額だからいいよ」と遠慮したけど、彼女は「誰かの役に立ちたいんです。休職中も給料をもらっていましたから大丈夫です」と言って聞かなかった。そして、今もお歳暮などを贈り続けてくれている。

考えたり分析したりする能力は、他の生物にはなく人間だけがもつ強みだ。だけど、いくら考えても答えが出ないときもある。頭の良い人ほど、そんなぐるぐる思考のループにはまってしまい、「流れ」が止まってしまう。

でも、ブッダだって苦行を極めた末に「あ、これはムダだったわ」と止めて、座禅したからこそ悟れた。とことん苦しんでみないとわからないことや到達できない境地があることもまた真実だ。そして、その境地からさらに一歩進むために座禅があるのだ。

同じように、頭脳明晰なトモミさんも「なんで？　なんで？」と考えもがき続けた。それがピークになったとき、思考を手放して座禅してみたらスコーンという衝撃とともに風穴が開いてゆるぎない真実を得られた。これは、彼女の苦しみ指数が満タンで、座禅が解放のトリガーになったのだろう。やっぱり座禅自体のもつ力は絶大だ。

考えるのが得意な秀才の君には、「考えてきた努力は無駄ではないよ」と声を大にして言いたい。やりきることに価値がある。そのうえで、思考から離れる安らぎを、五感を取り戻す幸福を、座禅から味わってほしい。ただ「生きているだけ」で感じられる喜びがある。分析や思考を停止してみたら、君の目の前に広がる世界があるがままに輝いているのが見える。

自分のために無限の利他を尽くすパラドクス

「求不得苦《ぐふとくく》」の孤独

これは、どこに行っても幸せを求められなかった孤独な人のトリセツだ。あれは2019年の初秋だったと思う。大禅寺《だいぜんじ》に鳴った電話を最初に取ったのは家内かオフクロだった。すぐに俺が代わると、相手はマサトさんという男性だった。ボソボソと聞き取りづらい声が聞こえてきた。

――死ぬ方法や死ぬ場所ばっかり検索している自分がいて、もうヤバいんじゃないかって思っています。電車に飛び込みたいです……。もうずっと苦しいんですけど、相談できませんか？

自殺相談では、初回は必ず寺に来てもらうことにしている。

――詳しいことは会って聞きましょう。今どちらにいらっしゃいますか？

マサトさんは、関東でアパート暮らしをしていると答えた。俺も東京出身なので、交通手段がすぐに頭に浮かんだ。さっそく来てもらおうと思ったが、ちょうど連日連夜、寺の法務や講演会で多忙を極めていた時期だったので、マサトさんの来訪日を1か月ほど後に約束した。

長く空くので少し気がかりだったが、やがて約束の日がやってきた。美濃太田駅に迎えに行くと、改札口で待っていたのは紺色のシャツを着た、肥満とまではいかないけどいわゆるメタボ体型の、身長170センチほどの高くも低くもない男性だった。一般的に言われる「オタク」っぽい外見と言うのかな。「きっとこの人だろう」と目星を付けた俺は、「マサトさんですか？」と声をかけて、車に乗せた。

駅から大禅寺に戻る道中、「こんな田舎によく来たねー」「この道を過ぎるともう店がなくなって緑だけになるよ」と話を振った。マサトさんは元気のない様子で、電話のときと同じように「はい、はい」とボソボソ返答した。

寺に上がってもらった後、お茶を飲みながら「まあとにかく、せっかく来たんだから、思っていることをできるだけ話してよ」と切り出した。30代半ばのマサトさんは、悩みを打ち明け始めた。

——僕……女性が多い職場で派遣社員をしていたんですけど、ひどい嫌がらせを受けたんです。風呂に入ってきたばかりでも、同僚に「汚い」「臭い」って避けられるんです……。とくに、お局《つぼね》みたいな存在の女性にイジメられました。

話すとそんなにオタクっぽくないんだけどな……。いわゆるオタクはもっと自分の話題だけに集中して早口にまくしたてる印象があるけれど、マサトさんはそれほど早口でもなかった。そうすると、女性には外見のせいでイヤがられるのかな。

——それはどんな仕事だったの？

——お店に行ってクーポンの広告を取る仕事です。

マサトさんは、その職場で恋愛も経験した。

——職場の事務員さんと付き合っていたんです。でも、一方的にふられて連絡できなくなりました。復縁できないまま職場で顔を合わせないといけないのが辛くて、仕事を辞めてしまいました。次の派遣が決まるかはわかりません。女性の多い職場はもうイヤだけど、年齢も高くなって職歴も中途半端な自分が、希望どおりの仕事を選ぶのは難しいと思っています。

緊張していたのか最初ボソボソしていたマサトさんの声に、だんだん力がこもっていった。そのまま破局の原因についても聞かせてもらった。

——僕の言い方が強いとか、ちょっとした理由で怒るからだと言われました。

——どんなことがあったの？

——二人で散歩していたとき、他人の歩き方に文句をつけることがありました。それと、僕はラーメンが好きなんですけど、デートでラーメン屋に連れて行ったとき、店員さんの指がラーメン鉢に入っていたから文句を言ったことがあって。「そんな細かいことで周りの人から見られて、私まで恥ずかしい。デートなのに私のことはどうでもいいの?」とイヤがられてしまいました。

「デートならもっとオシャレな店に連れて行ってやれよ……」というツッコミを俺が喉の奥にしまい込んでいる間も話は続いた。

——自分なりに思いつくことは何でもやってあげていたつもりなんですよ。だから、なんでそこまで彼女に嫌われたのかなって不思議なんですけど……。記念日にもいいものをプレゼントしたけど、クレジットカードの明細書を見たとき、つい「今月こんなに使ったんだ?」と驚いてしまったら、それを聞いた彼女が「そんなこと言うならもういらない!」って怒り出してしまったんです。あと、彼女の家に行ったときは僕がよく料理を作ってあげていたんですが、「たまには作ってほしい」っていう態度が出てしまっていたみたいです。

うん、マサトさんなりのがんばりは十分理解できた。しかし、それを匂わせてしまったために彼女がイヤミと受け取ることも、女の子として当たり前な反応だよな。

——結局、彼女から「あなたの怒る言葉を聞くとビクビクする。デートのときも私を大切にしてくれていない」とふられてしまいました。

デート中も周りの人への文句や自分のことばかり話していたそうだ。

——マサトさんはどうして怒ってしまうのかな?

——普段はそんなに怒りっぽくないと思うんですけど、あの頃は職場のストレスがひどかったんです。職場で爆発しないかわりに、彼女に当たっていたかもしれません。

——キツい口調をしているって自分でも自覚していた?

――親もキツい言い方をするような家庭環境で育ちました。実際の友達やオンラインでの知り合いともキツい言い方をし合っていたし、お互い好き勝手にふるまうのが当たり前だったんです。あれ、でも学生時代にもイジメにあったっけ……。

マサトさんは中高時代に仲間外れにされた体験を教えてくれた。俺は黙って聞いていた。彼の口調に悪意はなく、むしろ相手に好意すらあるのだろう。だけど、聞いている相手は傷つくし、それに気づかないマサトさんも相手から拒絶されて傷つく。これでは悪循環だ。

自分を孤独だと自覚でき、かつ孤独から逃れたいと願う人っていうのは、愛情を求める心はしっかりもっているから、恋愛に積極的だしパートナーを見つける人も多い。だけど、何か空回《からまわ》りしてよけいに苦しむ人も多いんだよなあ。まさに仏教でいう四苦八苦の一つ「求不得苦《ぐふとくく》（求めるものが得られない苦しみ）」だ。

マサトさんは、友人が少ないことや30代半ばという年齢へのコンプレックスを抱えながらも派遣社員を辞めた後、とにかく生活していくために次はコンビニでアルバイトし始めた。ところが、次の職場でもまた彼女ができたのはいいけれど、やっぱりパートのおばさんから「不潔だ」と嫌われ始め、せっかくできた彼女からも怖がられてしまい、派遣社員のときとまったく同じことが起きてしまった。

――自分なりに過去の失敗を繰り返さないように気をつけたんですけど、どこに行ってもダメなんじゃないかと思います……。生まれてから何もいいことがないんです。仕事や年齢のコンプレックスを忘れるために、全エネルギーを費やして彼女を落とすことにがんばったけど、結局仕事も恋愛も上手くいかなかったです。友達も、たくさんいなくてもいいけどやっぱり少しは欲しいです……。

――マサトさんが心の奥ではきちんと思いやりをもっている人だってことはわかったよ。でも、自分がどれだけ彼女を愛しているかを理解してもらおうとがんばっても、そういうのってわかってもらえないんじゃないかなぁ。むしろ一所懸命になりすぎると、逆に相手から引かれてしまうんじゃないだろうか？　仕事もそうなんじゃないかなぁ？

――そうかもしれません……。でも、前の彼女に言われたことを直そうとがんばったんですよ？　それなのに……結局ダメなんじゃないかって気がしてきました。

マサトさんは自分の欠点に自覚はありながらも、やっぱりまだ納得するのが難しそうだった。そりゃそうだ、誰だって他人から指摘されてすぐに納得することは難しいよな。だけど、俺はあえてズケズケと言ってみた。

――恋人に集中するのって、なんかカッコ悪いよね！　男なら修行や仕事に集中しないと。愛をアピールして相手を振り向かせるよりも、むしろ仕事をバリバリがんばっている姿を見せて惚れさせるぐらいにしようよ。逆に、自分が女の人だったらって考えてみなよ。「命がけで愛します！」って言われたらサムいだろ？

俺はさらに続けた。

――「俺がこれだけしているのに、お前はしてくれない」という気持ちはさあ、結局自分のためにしているんだよ。自分のプライドを満たすためなんだよ。相手にしてみれば、「そういう気持ちならしてくれなくて結構よ」と思っちゃうよ。一度プライドなしで行動してみたら？　結果に対するストレスがなくなるよ。

我ながらキツい言い方だ。だが、マサトさんなら耐えてほしい、いや耐えられそうだ。マサトさんのなかで納得を拒んでいる壁はプライドだと思うから、それに気づいてくれ。

――職種がどうとか、年齢が高いとか、それって全部他人の目を気にしてないか？「バイトみたいな社会的身分の自分はカッコ悪い」とか、「愛しているのに愛が返ってこない」とかそういうのはさ、自分の頭の世界で作り上げたプライドでさ、そのプライドのせいで苦しんでいるんだよな。だから、生まれてからずっと上手くいかないって自分で勝手に思っているんじゃないか？

「四無量心《しむりょうしん》」

――見返りを求めない愛で惜しみなくアタックしよう

俺は仏教の「慈悲喜捨《じひきしゃ》」という「四無量心《しむりょうしん》」の話をした。「プライドが高いな」と感じた相談者には、よく説明している。仏教の教える宇宙には生き物がそれぞれ違う世界に住んでいて、たとえば俺たちは人間界にいるが、もっと上の天「梵天界《ぼんてんかい》」の神さまたちは、「慈悲喜捨」を完璧にマスターしている。「慈」とは相手を大切に思う心で、「悲」は他人の悲しみを悲しむ心、「喜」は他人の喜びを喜ぶ心、「捨」は誰にでも中立的に接する心だ。まだまだ浅ましい感情にまみれた人間と違って、高貴な存在の神さまはこれらの四つの心を、自分と他人の境界なく計り知れないほどもっている。これが「四無量心」だ。だから「人間も見習おうね」と仏教では教える。

――マサトさんが人を思いやって何かしてあげるのは「慈」だし、それで相手が喜んで感謝してくれればマサトさんもうれしいよね、それが「喜」だよ。

――はい。僕も人に頼られたい、感謝されたいという気持ちがあります。

——それなら、仕事で頼られたらいいんじゃない？

——はい。資格を取って、人の上に立てる立場になりたいです。

——いきなり人の上に立とうと考えるんじゃなくてさ、自分が必要とされる場所に行けばいいじゃん！「あなたがいないと成り立たない」「あなたがいなければ死んでしまう」って助けを求めている人がいる場所に行けばいいじゃん。恋愛の方もさ、モテたいならもっと体を使って健康的に働いているところを相手に見せればいいじゃん。

目を見開いて何度もうんうんと鼻息荒くうなずくマサトさんの様子から、「それもそうだ」と納得する度合いが深まっていることが伝わった。いつ受かるかわからない資格の勉強をするよりも、女性や恋愛うんぬんよりも、まず「人を助ける場所」「自分が必要とされる場所」で働くべく、さっそくデイサービス施設の職員に応募することにした。

マサトさんは、「やってみます！」と意気込んで帰っていった。愛を求めるマサトさんの強い思いは、まさに仏教の「求不得苦」だ。だが、その思いの強さは、切羽詰まれば行動する駆動力にもなる。仕事に応募したり、女性にアタックしたり、仕事を辞めたりできる行動力には目を見張るものがある。

マサトさんから「無事に採用されました」と電話がきたとき、声色から初めての業種に飛び込む不安も垣間見えたが、俺は「何事も経験だ。がんばれ！」と激励した。

ところが、3か月ほど経ってまた連絡がきた。介護の職場でも以前のようなイジメにあい、利用者からも嫌がられてクレームが入るという事態が起きた。職場でも対応を直すようにと注意を受けたけれど、マサトさんとしては普通に接しているつもりだからどこを直せばいいのかわからなくて途方に暮れていた。

もしかしたら「自分はこれだけやっているじゃないですか」「自分は悪くない」というオーラが出てしまっているんじゃないか。だから素直じゃない態度に映ってしまうのだろうか。今のままのマサトさんの「やってあげたい」思いを受けとめてもらうにはどうしたらいいのだろうか？

電話を切った後、家内に聞いてみた。家内も看護師として老人介護施設で働いているから、事情がよくわかるようだった。

――そういうクレームは多いのよ。もともとデイサービスの施設は、ストレスが多い仕事なの。デイサービスに行くようなお年寄りって、頭はボケてても体は元気でしょ。だから文句を言う元気もあり余ってて、接し方が難しいのよ（笑）。

――そうなのか。マサトさん、今の職場で続けられるかな……。

――それなら、思い切って特養（特別養護老人ホーム）やもっと要介護度の高い人の施設に行ったらどうかしら？　介助無しではトイレにも行けない老人がいっぱいいるわよ。人の出入りの激しい業界だから大丈夫、すぐに求人も見つかるわよ。

翌日、俺は家内の提案をマサトさんに電話で伝えて、「がんばってみなよ」とまた送り出した。マサトさんは最初「本当にそうなんですかね。僕はなにやっても結局ダメなんです……」と落ち込んでいたけれど、最終的に「よくわからないけど、やってみます」と答え、なんと本当に特養に移った。

さすがだ、マサトさん！　孤独な思いの強さをアタック力としてすぐさま生かしている。

その後、しばらく音沙汰がなかったから上手くやっているのかなと心配してはいたが、半年ぐらいしてまた電話があった。

——過去の職場では嫌がらせをされたりしたけど、今の施設では、自分がいないとダメだと頼りにされていて、イジメられることはありません。業務が大変すぎてみんな必死だし、他人のことを気にしている暇もありません。他人の仕事ぶりをやたら評価することも、陰口を叩き合うこともありません。とっても良い環境です！

なんともうれしい報告だった。さらに同年代の彼女ができたそうだ。やっぱりモテるな。なんだかんだ言って今回もアタックしたのだろうか。

——彼女も同じ職場で働いています。僕が体が大きくて力仕事を手伝えるから、頼りにしてもらえるんです。それがうれしくて。このまま彼女と管理職まで上がっていこうと決めて、一緒に介護福祉士を目指しています。僕はさらに社会福祉士の立場まで進みたいです。介護の現場で働いていれば、大学に入らなくても資格を取得できるそうですから。

――そうか、よかったじゃん。おめでとう！　一歩間違えれば資格勉強ばかりしていただろうに。肉体労働系はやっぱ健康にいいよな。五体満足で働けるってありがたいよな！

――人生を逆転できるかもしれません。ありがとうございます！

それ以来、電話はない。便りがないのはよい便りだ。俺は後で「何がターニングポイントになったのだろう?」と、考えた。愛情が空回りして苦しんでいたマサトさん。将来の保証がないまま世のなかから置いてけぼりになったように感じていたマサトさん。

マサトさんのアタック力はすばらしい。本当に必要だと思ったとき、崖っぷちに立たされたときでも、要所要所で彼はきちんと行動している。だから彼女もできやすい(世の男性は見習え)。

そんなマサトさんに最初欠けていたのが「共感」だ。他人への共感だ。それが欠けていたから、愛情表現の行動をとっても感謝されなかった。他人への愛情はあるにもかかわらず共感がないために、一人よがりな愛情表現になってしまい相手に伝わらなかった。そんなだからお返しに愛情を返してもらえずプライドは傷つくし、上手くいっている他人と比べては自己肯定感が下がってしまっていた。

だけど、その愛はいまいち「純粋」じゃなかったのかもしれない。いつも「自分のため」という自意識が先行していたからな。だから、そんなプライドを全部捨てて、無私無欲に行動せざるを得ない世界に飛び込んだ。特養では、赤ん坊の育児と同様にただがむしゃらに目の前にいる相手の世話をした。助けを求める人をただ一心にお世話することで、結果的に目の前で感謝され、感謝されていると確認できたマサトさんは、より充足感を得られるようになった。

自分も同僚も必死におのれの仕事に集中する職場で、初めてマサトさんは自分のプライドも評価もいったん忘れて真剣に仕事に向き合った。同僚は本当にマサトさんの助けを必要としていた人たちだったから、マサトさんは同僚からも感謝してもらえて、他人と比較されて文句を言われることもなくなった。

その結果、職場の人間関係においても「慈悲喜捨」の心が少し育ち、仕事に対する向上心も芽生えた。見返りを求めず純粋に他人のためにがんばったとき、逆説的にマサトさんのアタック力が最大限に発揮されたのだ！

自分が求めることを止めて人を助けたことで、結果的にマサトさんの求めるものは満たされた。マサトさんは付き合った恋人たちからよく「余裕がないわね」と言われていた。だからいっそのこと余裕のない場所に行ってみたら、逆に余裕が生まれた。

むしろ逆説的に動くといいんだ。君が愛情を求めても得られなくて、ますます孤独になっているなら、いっそのこと自分が求められる場所に、他人を助けられる場所に行ってみるといい。人が何を言おうと関係ない。ただ純粋に、君が周りの人を助けたくて行くんだ。

それが介護なのか経理なのか職種はわからないけど、「あなたがいなければ困ってしまう」ところに行ってみるといい。君じゃなくてもいい場所には行かなくていい。

適材適所という言葉があるからね。君の能力を必要としてくれる場所に行って、君が必要とされる場所で本気を出して輝いてみてほしい。

孤独は求められることで癒せる。そして、求められるためには求めてはいけない。ただひたすら、与え続けるのだ。その強い思いを行動力に変えてほしい。「四無量心」をアタック力に変えろ！

理不尽なことに怒りまくる孤独な正義漢

ブッダももがいて見つけた、怒りの先にある本当の幸せ

2004年にmixiでコミュニティ「死にたい人」を開設して以来、俺はたくさんの人たちの自殺したい気持ちに返信し続けてきた。2010年にはドキュメンタリーのテレビ番組に出演したこともあり、徐々に俺の活動は知られていった。

2011年頃、そんな俺をインターネットで知ったというマキさんという女性から連絡があった。当時、俺は無料ブログも書いていたのだが、その記事を読んで、mixiの「消えない人」の方にメッセージが来た。俺がどんなヤツなのかいろいろ検索していたようだ。

――もういなくなってしまいたいです。存在がなくなるような方法はないですか？
そんなことばかり考えてしまいます。

「死にたい」という結論から言う人は本当に思い詰めている。死にたい理由をスラスラ言える人の方がまだ大丈夫である場合が多い。長年の相談の経験からすぐに勘づいた。

何度かmixiでメッセージをやり取りして、お寺に来てもらうことになった。自殺相談では、最初は必ず会って話すことを条件にしている。日程を調整して、1か月ほど先に会う日が決まった。

暑くなり始めた5月の昼下がり、駅にマキさんを迎えに行った。美濃太田にはいないタイプのオシャレな女性だった。まず目に入ってきたのは大きな丸いイヤリングだった。ほかのブローチ、ブレスレット、指輪といったアクセサリーもすべてシルバーで統一されていて、青いサマーセーターとよく調和していた。バッグもブランド品なんだろうな。収入のある人なのかもな。きっちりメイクもして、目鼻立ちのはっきりした美人だ。一見すると自殺するようなタイプではなかった。

でも、無表情のままだった。運転中、話しかけても「はぁ」「いいえ」と短い返事しかなかった。警戒されているのか、元気がないのか。

大禅寺《だいぜんじ》に着いて、客間に案内した。俺が「どうされましたか?」と話しかけても、マキさんはなかなか考えを言葉にできないようだった。

――せっかくここまで来たんですから、質問でもいいですから何でもどうぞ。

さらに催促してみたけど、やっぱり黙っている。

――何でもいいから話してみたらいいですよ。

5分ぐらい待つと、ようやくマキさんはポツリポツリと切り出した。

――自分がイヤです……。

――なんで自分がイヤなの？

――怒るから。職場や友人関係でも、すぐに怒ってしまいます。

――どんなことで怒るの？

突然、マキさんは今までとはうって変わって機関銃のようにまくし立てた。たまっていた感情が一気にあふれ出たような豹変《ひょうへん》ぶりに、俺はビックリしてしまった。

マキさんはとにかく何に対しても怒っていた。ちょっとしたことでイライラしてしまい、そんな状態に自己嫌悪して、さらにイライラするというループに囚《とら》われていた。とりわけ職場での嫌がらせに対して怒っていた。管理職の彼女は、「みんなから見下されている」「上司の方が非効率的で、私の方が効率的なのに評価してもらえない」と不満を募らせていた。バツの悪いことに、偶然自分に対する噂話を聞いてしまったことで、常に職場の人たちが自分の陰口を言っているのではないかと疑心暗鬼《ぎしんあんき》になっていた。

――職場でダメな人たちのフォローを毎日させられているのに、なぜ私が被害者にならなければならないんですか？　なんのためにがんばっているのかわからなくなります。何のために生きているのかわからなくなります。自然体で生きたいのに、自然体というものがよくわからない。自分は不自然な生き方をしている気がします。

俺はただマキさんの怒りを受け止めることに徹した。こちらの意見は言わず、「なるほど」「それで、他には？」と、どれだけ怒りが出てくるか聞き出そうとした。それが一番理解するヒントになるからだ。毎回そうやって相談者ごとのノートに人間関係や言葉の並びで色分けして相関図を作ることにしている。

マキさんは、若い頃からリストカットをして自殺未遂を繰り返してきた。心療内科にも通っていた。親から「生意気」「いらない子」と言われて育ったらしい。そんなこと言われたら心がふさがってしまうし、うれしいことも入ってこなくなる。そんな閉塞感がリストカットにつながったのだろうか？

そんなことを考えながらも、同時に頭がいい人だとも感じた。俺が感情に触れるような言葉で話しかけても、同じように感情的な言葉で返すのではなく「いえ、これはこういう意味で」と誤解がないように確認しながら話を進めてくる。
かつ真面目な人だということもわかった。真面目ゆえにストレスが溜まって怒りへとつながっているという流れが見えた。しかも、怒りの矛先《ほこさき》がどんどん外へと波及し、直接関係ない社会の理不尽な問題にも憤《いきどお》りを感じていた。「政治や経済の不正も許せない！」「震災の後の状況も許せない！」「コロナ禍の弱者への対応も許せない！」といったように。そんな不満を募らせた果てに、その不満は自分自身の問題と絡み合って、さらに怒りが増大していく。やがて怒りのベクトルは「怒るだけで何もできていない自分」へと向かい、もっと自らを苦しめていく。

――振り返ると、苦労ばかりしてきました。良いことより悪いことの方がずっと多い人生でした。この先、苦労しても幸せになれない人生なら、がんばっている人が報われない世界なら、私なんていなくなりたいです。消えてしまいたい……。

マキさんは怒りのパワーでアクセルを踏み続け、負のループをグルグル暴走していた。それでも、根本的な原因はというと、やはり人間関係だった。望まない環境で生きている不満や、がんばっているのに他人から正当に評価してもらえないという虚《むな》しさが、すべて怒りとして噴出していた。

俺の自殺相談では、いきなり仏教的な言葉を使うことはあえて避けるようにしている。みんな聞き慣れてないだろうし、「布教された」と引いてしまうしな。マキさんもとくに仏教や寺が好きっていうようにも見えなかったから、ただでさえ険《けわ》しい表情のままなのに、これ以上警戒されたら困る。

でも、イチかバチかで俺の仏教論を笑いながらぶっちゃけてみるか。仏教学者から怒られそうな持論だけど（笑）。

――ブッダってさぁ、ちょっと頭おかしかったと思わない？　王族の身分も家族も捨てて出ていくなんて、普通の感覚じゃないよね。でもさ、あそこまでストイックに修行して、人の何倍も苦しんだからこそ見えた世界があったんじゃない？

その瞬間、早口で話し続けるマキさんの耳でゆれていたイヤリングがピタッと止まった。それまでは俺に伝えるというよりも宙を見ながら一方的に話していた彼女と、初めて目が合った。「えっ、ブッダがちょっと頭おかしかった?」「逆でしょ? 心の病を治したのがブッダでしょ?」とでも言いたそうな表情になり、初めて「どういうことなの?」と話を聞こうとする態度に変わった。

「もう少し仏教的な話をしていいかもしれない」と判断した俺は、怒りに対する教えも話してみた。

——「怒り」は相手が思い通りにならない不満から生まれるけど、仏教では「無《む》我《が》」って言って、「自分」なんて実際にはないんだよね。つまり、自分でコントロールできる自分なんていないの。自分すら思い通りにならないのに、他人が思い通りになるはずがないんだから、怒ってもどうしようもなくない?

それから、貪瞋痴《とんじんち》の三毒《さんどく》の話もした。

——怒る状態ってのはさ、毒を食べ続けるのと同様の行為なんだよ。怒りが湧いてくれれば誰だって不快だし、感情をコントロールできないまま口調や態度に表している自分にも自己嫌悪する。怒りは自分も他人をも傷つけてしまう毒なんだよ。

こういう話をして「……」な表情になる人には、すぐに「でもさー、こういう感じってないー?」と軽い話題に変えて、一緒に盛り上がることにしている。でも、マキさんは興味深そうに聞いていた。自分自身も感情がコントロールできないことに苦しんでリストカットを繰り返してきたから、よけいに納得する部分があったのかな。もしかしたら、ブッダのもがきを自分に重ね合わせたのかもしれない。

ロジックの有効活用で「他人の目」ブロックを解除しろ!

マキさんの機関銃モードが休止したので、一緒に「怒りの解体作業」を始めることにした。「怒り」という激情がどこからやって来ているのか。なぜ、何にカチンとくるのか。「怒り」の中身を解体していく作業だ。

——怒りは不快感から生まれるんだ。誰だって不快な状況に置かれたらイヤでしょ？　穏やかな心になりたいでしょ？　本来、怒る人は論理的な人が多くて、論理的な状態に戻りたいからこそ、怒っている状態が不快なんだ。つまり、怒る人は「落ち着いた状態にいることが幸せ」であることを人一倍強く望む人なんだよ。

マキさんも、過剰に論理的だった。同じ職場に長く勤めているので、この先携《たずさ》わっていく業務の難易度や昇給といった人生設計の算段が付いていた。でも、そんなふうに敷かれたレールなんて本当は空《むな》しいものだ。アンガーマネジメントなどの本を読んで頭では理解しているけれど、抜け道がわからないからよけいに不安になる。それで「今まで自分にはいいことがなかった」とすべてに悲観的になってしまっていた。

怒る人は論理的な人が多いから、あえて「ロジック」を刺激するのが有効だ。そこで、「トマトの禅問答」を話してみた。

——トマトを買いに来た三人がいるとしよう。1人目は、仕事もできる優秀な人で家庭も円満だ。「今日はどんな料理をしようかな、家族は喜んでくれるかな」と考えながらトマトを手に取る。2人目は、働かずDV気味の旦那と反抗期の子供がいる。「ああ、ご飯作りたくない」とイヤイヤながらトマトを手に取る。3人目は、「家族がいないから誰も一緒にご飯を食べてくれない。なんて自分は孤独なんだろう、他の人がうらやましい」と寂しそうにトマトを手に取る。どの人が一番幸せだと思う?

——そんなの、1番目の人じゃないんですか?

マキさんは即答した。

——じつは、禅の世界では三人ともダメだ。1人目は子供や旦那という条件付きの幸せだし、2人目も家族に対してネガティブな考えをめぐらしている。3人目は、他人と自分とを比較したうえで自分を不幸だと思っている。

じゃあ、禅ではどう考えるか? 他人など自分の外にある条件に囚われず、ただトマトだけに集中するんだ。目の前に積まれたトマトの山に手を入れて、一番おいしいトマトを夢中で探すかもしれないし、あまりに美味しそうだから帰り道で食べてしまうかもしれない。絶妙な食べごろのトマトを見つけた感動を、誰かと分かち合うのもいいね。

これが禅の考えなんだ。幸せを考えるとき、それが他人を介しての幸せか、自分自身の幸せかを分けて考えてみよう。つまり条件付きの幸せか、条件なしの幸せかだ。トマトの例えを自分自身やあらゆる物事に当てはめてみない？

一休さんのとんちのような「トマトの禅問答」は、マキさんの論理的な志向を刺激したらしく、テーブルの上で頬杖をつきながら「うんうん、なるほど」「相対的でなく絶対的な幸せってことですね」とつぶやいていた。ずっと目が合っていたので集中して聞いてくれていることがわかった。

そして「私の幸せとは何だろう？」と考え始めた。よしいいぞ。次のステップは、他人への過剰なまでの意識を外してもらうことだ。

——周りはそんなにあなたのことを見てないよ。何でいちいち細かいことを考えるの？　あなただって、そんなに他人のことを気にしてないでしょ？　みんな自分のことで一杯一杯でしょ？　もし悪口を言われたなら、「何で言うんですか？」と面と向かって聞いてみたらいい。意外と自分では気づけなかった面白いことを答えてくれるかもよ。聞かないまま「どんなことを言われているんだろう？」って妄想して悩んでいる時間がもったいなくない？　仮に聞いたところで、その内容が死ぬに値する理由なのか俺は知りたいね。

——ですよね……。

そんなことを話し合っていたら、マキさんからチラホラ笑いが漏れるようになってきた。寺に着いたときの警戒心ＭＡＸのしかめっ面も、機関銃のようにまくし立てていた鬼の形相も消えて、表情が輝き始めた。

「他人からの目」を常に意識してしまう繊細さからストレスが生まれるという仕組みに、マキさんは思い当たることがあると打ち明けた。

――じつは同級生が二人、経営者として成功した矢先に自殺してしまい、大変ショックを受けました。でも、今となっては二人が周囲の期待に応え切れずプレッシャーに押しつぶされて、何のために生きているのかわからなくなってしまったのかなとわかるような気がします。

すぐに分析してしまうとは、さすが頭がいい。

「うんうん」とうなずきながら頬杖をついていたマキさんの手の平が握りこぶしに変わったとき、「もう周りを気にしないで生きていく」という言葉が出た。ならばその宣言を実行できるようにと、さらに二人で今後の指針を決めることにした。

――自分の性格でも周囲の物事でも、「自分がいいな」と思えるものを集めていこうよ。そして「イヤだ」と感じるものには「なぜイヤなのか」を分析して、整理して理解してみるようにして、理解できたらそれ以上深入りせず過ごしていこうよ。

そうして、「何をもって幸せ・不幸せと言えるのか」について思うことを発表し合った。

——俺は、20代のころバイク事故で死にかけたのに奇跡的に生き返ったから今幸せだと思うな。

——へぇー、そういう考え方もあるんですね！　事故って絶対よくないものなのに、人間って面白い。

——生きてたら、なんだかんだ楽しいこともあるしね。こうやってマキさんと話しながらお互いの考えが深まっていくことも幸せだよ。「生きることって何だろう？」ってお互いの人生のなかで探し発見できることにも、幸せを感じるなぁ。

——私は……1つ目は、平等に公平に分担がされている状態が幸せです。

——なるほどね、やっぱり正義感が強いんだね。

――2つ目は、わからないことを教えて、相手から感謝されるとうれしいです。自分が役に立っていると感じます。それから、3つ目は、おいしいものを食べていると幸せです！

次は不幸について打ち明け合った。

――俺は不幸というと……一撃目はもらっても二撃目はもらいたくないよね。一撃目はしようがないけど、不幸からさらに不幸にならないようにするためにはどうしたらいいかを考えたいよね。でもさ、そもそも不幸って何だろうね？　俺は、一緒に喜んだり悲しんだりという気持ちを誰とも分かち合えないことが不幸かな……。

――私は、1つ目は、心が安らぐ時間や居場所がないことです。そういう状態だと、すぐカッとしてしまうことにもつながるし……。2つ目は、世の中の問題に対して結局何も変えることができなくて、キレているだけっていう無力な状態が不幸です。3つ目は、「なぜ私なんか存在してしまうのか」と不安や空《むな》しさの思考回路が大きくなることでしょうか。そう考えたくないのに考えてしまうのがイヤです。

――誰だって幸せな方がいいよね！　自分自身の幸せって、ほんとに大切だよね。

俺はもう一つ仏教のエピソードを紹介した。

――ブッダが悟りを開いた直後、30組の王族グループが森に遊びに出かけることになった。みんな妻を同伴したんだけど、独身だった一人は代わりに娼婦を連れて行った。ところが、みんながパーティで浮かれている間に、その娼婦が男たちの金品を盗んで逃げたんだ。それでみんなが女を血眼になって探していたとき、森の中で座禅しているブッダに出会った。

ブッダが「いいか、若者たちよ、よく聞け。その女を探すのと自分自身を探すのとどちらが大切か？」と問うと、一人が「そんなの、自分自身の方が大切に決まっている」と答え、他のみんなも同意した。ブッダは「いいか、若者たちよ、これから真理を述べる」と続けた。「恨みは恨みによって消えることはない。恨みは恨みを忘れることによって消すことができる」。

だからさ、他人から傷つけられたと思っても、「あなたは私にひどいことをしました。でも私はあなたを恨むことはしません」って考えてみない？　管理職だったら、そういう広い目をもって成長できたらいいよね。

マキさんは深くうなずいた。そして、晴れ晴れとした表情で帰って行った。

その後、1週間か2週間に1回ぐらい電話をかけてきては、マキさんは近況報告してくれた。気になっている時事問題なんかも話してくれるので、「へー、それは理不尽だね！」と感心して聞いた。職場では、とくに男女差別が許せないようだった。優秀な若い女性を年配の男性が見下すような旧い体質に怒りを募らせていた。

――私はまだ強いけど、若い女の子たちは言い返せないから助けてあげたい。

――おー、いいアネゴになれそうだね！

そんな会話を続けるうちに、マキさんはアップダウンもあったけど、前向きになっていった。心理学や仏教にも関心が生まれたようで、コツコツ勉強し始めたみたいだ。「怒り」タイプの人は人一倍幸せになりたい情熱家でもあるから、火が付けば根気よく努力する熱量に転換できるところが強みだ。

「だいたい大丈夫になってきました!」という電話を最後に、マキさんからの連絡はなくなった。どこかで俺の発信を見てるのかもしれないけど、きっと元気にやっているのだろう。

マキさんは、他人に対する怒りと自殺したいという喪失感がパラレルだったことや、怒りが自分の幸福の追求を抑圧していたことに気づくことができた。気づくまでの過程は、すさまじいストレスだっただろう。だけど、強いストレスもまた自分を知るための学びになると発想を転換した。そうだよ、ブッダだってあんなにもがいたんだから、ストレスは必ずしも悪玉じゃないんだ。

怒りが出たら、まずは解体してみよう。「本当はこうしてほしかったのに」と悲しみ傷ついている感情が奥底に見つかるはずだ。その感情をさらに分析してみるといい。

怒りタイプの人は論理的だから、分析も得意なはずだ。「何に対して怒っているのか？」とさらに解像度を上げていくと、自分が思い込んでいた「怒りの素《もと》」が見つからないだろうか？　それが見つかれば、君が幸せになれる方法も見えてくる。「他人の目」ブロックを外して、自分が本当に幸せだと思えることに目を向けていってほしい。

利他主義に見せかけた利己主義は悩み無限増殖装置

何に悩んでいるのか、もはや本人にもわからない

俺の自殺相談の活動は徐々にメディアの関心を集めるようになり、2018年には海外の監督が作ったドキュメンタリー映画が2本公開された。新聞にも取り上げられるようになり、メディアを通じて俺を知った人からの自殺相談も増えていった。

ユウカさんもその一人だった。彼女のことは、俺の講演会や映画の上映イベントなどに足を運んでくれるようになった人からの紹介だった。ご自身も地域の支援活動をしているというその女性から「知り合いに深刻に悩んでいる人がいるんですけど、お話を聞いていただけないか」というメールを受け取ったので、相談はまず対面からで

あることを了解してもらったうえで快諾し、大禅寺《だいぜんじ》の電話番号を教えた。
それほど期間を置かず、2017年の夏の終わりにユウカさん本人から電話がかかってきた。大禅寺には檀家さんをはじめいろいろな人から電話がかかってくるけど、第一声のトーンでほぼ自殺相談の人かどうかがわかる。
力なく溜息《ためいき》の多い声だった。要領を得ないあいさつのあと、電話口の向こうから、おそるおそる「話を聞きたいんです」と言う声が聞こえた。自殺相談の人はみんなそうだ。「話を聞かせてほしい」と切り出すけれど、実際に会えば話を聞くのは俺の方だ。それでも「聞きたい」と言ってくるのは、心のどこかで最後には誰かに導いてもらいたいという気持ちがあるのかもしれない。

――子供の問題に夫が無関心なんです。常に感情が落ち着かなくて、急に怒りがこみ上げて、それが沈むと空《むな》しく落ち込んでしまいます。改善しようにも何をどうしたらいいかわからないので、教えてほしいのです……。

直接会うまでは相談内容に踏み込まないようにしているので、さっそく面会日を決めることにした。ユウカさんは近隣に住んでいるとのことで、とんとん拍子に話が進み、1週間ほど後に面会日が決まった。

平日の午後、ユウカさんは自分で運転してやってきた。車って、ビビッドカラーの外車、ファミリーカー、軽自動車というふうに車種やデザインで持ち主の自己主張が出るよね。俺も大型バイクに乗るから車体にはこだわりがある方だ。反対に、寺務用の車にはあえてありふれたタイプを選んでいる。田舎の地域ではすぐ「和尚さんがあの店にいた」と噂されるのでむしろ没個性な方がいいんだ。

ユウカさんが乗ってきたのは、特徴のない白い乗用車だった。ユウカさんも車で目立ちたくないのかなと考えた。本人の服装も、オシャレでも地味でもないゆったりしたワンピースを着ており、町によくいる主婦の姿だった。

現場での経験上、自殺相談者の身なりはボサボサかきちんとしているか極端なのだが、彼女は後者だった。体格も身なりもしっかりとしていたが、神経質そうに見えた。俺は相談者に年齢を聞かないので実際はわからないけど、40代ぐらいかなと思った。

ユウカさんを客間に案内した。電話では元気がない印象だったけど、会ってみてもどんより暗い表情で、溜息が多く呼吸が固い。

「せっかくですので、ここに来られた思いを話してください。たくさん聞いた方が状況もわかりますので」とお茶を出した。これは常套《じょうとう》の切り口で、他の相談者にも同じように言っている。たまにワーッと堰《せき》を切ったように話し出す人もいるけれど、たいていの人は事前に話す順番などを準備してくることはない。

ユウカさんも、この坊主を前にして「はたして自分は何に悩んでいるのだろう?」とやや戸惑《とまど》った様子で黙っていた。話しづらそうだったので、「どちらからいらしたんですか?」「お子さんや旦那さんに関して、何でもいいのでご自分が思っていることを話してください」と重ねてみた。

それでも、まだユウカさんはうつむいたまま考え込んでいた。経験上、宙を見ながら考え込むタイプに自殺願望の強い人はあまりいない。本をのぞき込むように下を向いている人の方が多い。悩みが大きい人は呼吸が浅くなるのか、体が伸びなくて猫背になるのかもしれない。かつて父親の付き添いで心療内科に行ったことがあるけど、待合室にいる人がみな同じような姿勢と表情だったことを覚えている。

5分ぐらい経っただろうか。第一声が「疲れちゃいました。人間って何のために生きているんですかね?」という質問だった。抽象的すぎるので、「それはお子さんのことですか?」と範囲を狭めようとした。

ユウカさんはまた「うーん、何から言っていいかわからない」と迷い始めたので、俺はまた「そういえばどこに住んでいらっしゃるんですか?」と聞き返してみた。

するとまた「人間って苦しんでいますよね」と抽象的な言葉が飛び出した。「死んじゃいけないんですか?　死んだらどうなるんですか?」と続く。ここから相談の核心に入っていけると直感した俺は、「どうしてそういうふうに思われたんですか?それはいつからですか?」と入っていった。

なぜそう思ったかというと、もし精神科医を前にしていたら「なぜ生きていかないといけないのか」とは聞きづらいだろうからだ。やはり僧侶は「生きる死ぬ」の問題のプロだから、いくら現代が宗教離れした社会になったといっても、そういう問いを投げかけやすい相手なのだ。

だけど、大事なのはここでいきなり宗教者が自分の考える「正解」を言うべきではないということだ。「どうしてそう思われたのですか?」「いつから、どのタイミングで?」と一緒に問いを深めていかなければ悩みは解決できない。

「なぜ生きるのか」という問いかけを一通り終えたあと、ユウカさんは息子の状況をポツポツと打ち明けはじめた。話す勢いがどんどん増していった。問題の核心が露《あら》わになり始めた。

——子供が言うことを聞かないんです。中学校から登校拒否になってしまって、高校入学で心機一転を図ろうとしたけれど、1年生の途中で足が遠のいてしまって……。2年生でクラス替えがあったから仕切り直そうとしたけど、また数週間で行かなくなりました。20歳の現在にいたるまで、完全に引きこもり状態です。私は部屋のドアの前に食事を置くだけで、息子は出てこないんです。この先が不安です。

——それは、自分が死んだ後も息子さんが引きこもっていたら不安だということですか？

——そうじゃなくて、息子をこんな人間にするつもりじゃなかったのに……。「何で俺を生んだんだ」「うるせークソババア！」と言われるから、お互い癇癪《かんしゃく》を起こして喧嘩《けんか》が絶えません。今は息子の方が力が強くなったから、エスカレートして暴力を振るわれることもあります。

――そうですか……。でも、そうやって自分の感情をぶつけられる相手がお母さんしかいないんでしょう。それまで奪ってしまうと、もっと恐ろしい状況になるかもしれません。まだ感情表現できる相手が家庭内のお母さんでとどまっていると考えることもできますよね。

――そうですね、でも不安なんです。大切に育てたのに、こんな人間にしてしまって……。

ユウカさんは泣いていた。息子が小さかったときからいかに世話を焼いてきたかと、息子についてはかなり詳しく説明してくれた。それほど大切な存在なのだろう。

――旦那さんは、そんな状況にどうされているんですか？　息子さんとどんな関わり方をしてらっしゃるんですか？

――夫は無関心で助けてくれません。ギャンブルやら飲み屋やらに行って、ほとんど家にいないんです。旦那と子供とはほとんどコミュニケーションがありません。

俺は何とかポジティブな面を取り上げようとした。

――まだ二人の仲が悪くないだけ、いいんじゃないですか？　もし二人が喧嘩したとしても、家庭内ならそこまでうるさくないけど、外に向かって叫べば確実に近所迷惑になりますよ。それに暴力を振るうのだって、他人に振るったらもっと困ったことになりますよ。

――でも、旦那も息子も好き勝手にやっているのに、私だけが一所懸命がんばっているんです。どうしたらいいか不安で眠れないんです。

ユウカさんはとにかくよくしゃべった。よく話す人は理屈屋で頭は悪くないけど、自分に自信がないことの裏返しでおしゃべりになる孤独な人でもある。ずっと孤独なままでは生きづらいだろう。感情をぶちまけ続けるユウカさんは、怒っているというよりも、常にハラハラと感情が落ち着かない様子だった。その状況を改善するにも何をどうしていいかわからなくて、「どうしたらいいか教えてほしい」と大禅寺にやって来たのだろう。

「不安の無限ループだ」と思った。マサトさん（第4章「孤独のトリセツ」）の場合は、「人から求められたい」思いを満たすために利欲を捨てて人を助ける方向に振り切った結果、負のループから脱出できた。ユウカさんも「家族に認められたい」ために苦しんでいるが、一体この二人は何が違うのだろう？

会話を続けていて、気づいたことがあった。ユウカさんは、こちらが言った意見を必ず「でも」と否定するのだ。「でも」が口癖なのだ。「本当ですよね、暴力がまだ家庭内で済んでよかったです！」といったように素直に受け入れることがない。「でも」の人は、他人の話を聞いていない。「『そうは言ってもしかし……』と思ってるならやれよ！」とこっちも叫んでしまいたくなる。ユウカさんも、この困った状況をただひっかき回すだけで、結局その場に安住しているように見える。

そういう意味では、「でも」の人は依存体質なのかもしれない。自分は動きたくないけど自分が相手のためにした行為を感謝してもらいたい。他人から認めてもらうことで満足を得たい。これは利他主義に見せかけた利己主義だ。

ジコチューだから、「でも」の人はコミュニケーションで問題を起こしやすく、人から嫌われやすい。とくにグループの輪を重視するガールズトークでは「でも」を連発してはダメだ（何で俺が知っているんだ）。案の定、彼女の悩みは家庭外の友人関係にまで及んだ。

――習い事の教室で、手作りのお菓子や小物を持っていっていたんです。だけど、最近メンバーから「みんなあまり喜んでいないから……」と遠慮されたんです。私は受け取ってもらいたかったのに。

これまでにもやんわり断られてきたのだろうが、気づかず、「でも、でも」と思いやりを押し付けたのかもしれないな。

――「余っちゃったからよかったらもらって」ってノリじゃなくて、「ありがとう」って言われたくてやっているって周囲も感じたんじゃないかな。

――わかっています。でも、できることをしてあげたいだけなんです。喜んでもらいたいんです。

このように趣味や地域の人間関係もよくない状態なので、家庭の問題を周囲に相談できない。ユウカさんは自分が嫌われているのではないかとよけいに落ち込んでいた。親子関係、夫婦関係、友人関係などすべての人間関係に失望していた。

どうしてそこまでこじれてしまったのだろう？　そんな旦那とは離婚したらいいし、子供も放っておけばいいのに。家族にしか自分の居場所や価値がないと思っているのかな。少し共依存的になっているのだろうか。

もっと自分自身の人生に注目していかないと、このままでは尽くしているのに報われなくて苦しいままだ。だから、「夫とは、妻とは、子供とはこうあるべきだ」という固定観念と現状とを比べて「なんでうちは……」と嘆くことから抜け出した方がいいだろう。

俺は考えをめぐらした。まず一つ一つ整理していかないといけないが、息子の問題は一番難しそうだから、まずは旦那の話題から入ることにした。

「でもでも」をやめて自分の幸せを追求しろ

「そんな旦那なら、離婚したらいいじゃん?」と言うと、案の定「でも……」が返ってきた。

――旦那にイライラすることは往々にしてあるよね。とくに更年期になると、いつもできたことができなくなって感情のコントロールが難しくなる。うちのオフクロいわく「更年期障害とは、夫にイラつくことから始まる」のだそうだよ。それを聞いて家内が爆笑していたけど、俺なんてすでにイラつかれているかもしれない(笑)。男性の場合は内側に向かっていくことが多くて、さらに内にこもりすぎると今度はギャンブルや酒で発散することになる。まさにユウカさんの旦那さんだね。

俺はこういう活動をしているから、警察で現場検証を担当する人と会ったことがあって、その人さ、5000人ぐらいの死体を見てきて、死体を見ただけで他殺・病死・自殺って死因を判断できるんだって。それで、俺が常々考えていた疑問をその人にぶつけてみたんだよ。「パートナーへのストレスが原因だったり、相手に怯《おび》えながら鬱《うつ》がひどくなったりして自殺した場合、その死は他殺にならないんですか？　どうやって見分けるんですか？」って。

よくパートナーシップの本に「相手と仲良く続けるにはあまりに密な関係にならないこと。ストレスになるから」って書いてあるじゃない？　たとえばコロナ禍で夫がずっと在宅するから妻のストレスが溜まることが話題になったけど、そういう場合の死因はどうなるのかって疑問だったんだよ。そしたら、警察の人も同じことを考えていたそうで、医師会に聞いたことがあると教えてくれた。そしたらさ、ちゃんと病名があるんだって。なんて言うと思う？　「夫在宅ストレス症候群」、だからつまり病死になるんだって！　夫が原因で精神疾患になって死んでしまうからだって！

理屈好きのユウカさんはこの話題に飛びつき、「え！　その逆はあるんですか？『妻在宅ストレス症候群』はあるんですか？」と聞いてきた。

――ところが、その反対の病名はないんだって！　妻が鬼嫁であっても、男性側はストレスを病名として主張しないわけよ。妻が原因で自分が病気になったと認めたくないんだろうね。その代わり、旦那は内にこもるの。でも家にはこもれないじゃない？　妻が家にいる方が多いんだから。じゃあ自分が家にいなければいいんじゃないかと思って出かけるわけよ。だから、男性のストレスのためにも個人の空間や時間はある程度必要なんじゃない？

ユウカさんは目を丸くして聞き入っていたけど、「でも、やっぱりうちの場合は……」と否定しようとした。

――ユウカさん、旦那の発散の矛先《ほこさき》が女や暴力だったらどうするの？　まだギャンブルの方が不倫や犯罪よりずっとマシじゃない？　借金で家計が苦しいわけでもないんだし、「亭主元気で留守がいい」っていうのは恵まれた環境じゃない？

――うーん。でも、どうなんでしょうね。なるほど、でも……。

「たしかにそうかも」と思いながらも、ユウカさんの心はまだ揺れているようだった。

——ユウカさんは本当に「でもでも」ばっかりだね！　息子から暴力を振るわれることもさ、彼が子供の時はコントロールしようとして上下関係を作っていたんじゃない？　向こうが成長したから立場が逆転しただけで。

——でも、こんなに尽くしているのに……。

望んだような子供に育ってほしい、理想の夫になってほしい、幸せな家族になってほしい。そんな願いが強いあまり、ユウカさんは家族がやってくれないことや、できてないことで頭の中が一杯になっているようだ。

——息子さん側の話は聞いていないけど、その調子で「でもでも」と反論され続けて、母親の期待に応えることがイヤになったんじゃないかな。旦那はギャンブルして、子供は部屋でインターネットして、それって仮の世界で夢中になっていたいわけだろ？　どちらも現実から離れるための真面目な反応だと思う。

ユウカさんは二人を現実に引き戻そうとしているんだろうけど、旦那と息子は、あなたを避けているわけではなくても、答えの出ない同じ話を毎日聞きたくないんだよ。息子さんからすれば「じゃあ、どうしろっていうんだよ？　もう一回高校に行けっていうのか、20歳から？」って思う。

これまで不登校や引きこもりの相談者もたくさん来たが、いつも彼らに「引きこもりの時間を大切にしろ」と伝えている。やりたいことはなかなか見つかるものではないからな。

——息子さん自身ですらなかなか思い通りにいかないものを、さらに他人が思い通りにいかないと不満に思ってくる。これは理不尽ではないだろうか？　その他人は、本当に目の前の相手のことを思っているのだろうか？

ユウカさんは黙っていた。俺の相談では「響き合い」を感じることが大切だ。「でもでも」の人を響かせるのは通常より時間がかかる。

――ここで考えてほしい。いつも満たされない「あなた自身」と思い込んでいるものは何なのかを。他人のために生きすぎていませんか？

ユウカさんは頭の良い人でもあったので、「悩むことは悪くない。ただ悩みをもう少し良い方向に変えていけたらいい。ブッダだって悩みに悩んで出家したんだから」といった話をすると、関心を向けた。そこでさらに禅についても話すと、ついに前向きな言葉が出てきた。

――じゃあ……悩んでいてもいいんですね？

――そうだよ、ユウカさん！　悩みとの向き合い方や、悩みを自分の人生において何ととらえるかといったような、一段上の人生の考え方を始めてみようよ。

「人は違って当たり前」という話もした。「進化の過程として、人間はあえて違う遺伝子というか要素を持った相手を選んでパートナーにすることもあるんだよ」と。そんなことを話し合って、違う人間同士なのに相手への感情があまりに強いと「自分と他人との境界線」を見極められなくなるという話題にも興味を示してくれた。
それから、除霊《じょれい》ごっこもしてあげた。ユウカさんは興奮すると何かに取り憑《つ》かれたみたいに大声で早口で話し出したから、「悪霊を取り払おうぜ！」と背中をバンバン叩くと「ほんとです！　私のせいじゃなくて、悪いもののせいで変になっていたのかもしれないですね！」と元気になった。誤解されたら困るけど、こんなことセクハラになりかねないし、俺には霊感はないので、普段、寺ではやっていません（笑）。

そんなことを続けていたら、少しずつだけれどユウカさんは最初に来たときの濁った表情から、笑顔に変わっていった。俺がさんざん「『でもでも』ばっかりだね！」と言ったので、ついに自分の思考のクセを理解したようだ。

——私は今まで利他的で親切なことがいいと思っていましたけど、自分の人生を生きていなかったようです。

——そうだよ！　誰も犠牲《ぎせい》になってくれなんて言ってないでしょ？　自分を犠牲にしているお母さんなんて家族は安らげないし、周りも接しづらいよ。自分が好き好んで犠牲になっていただけでしょ？

――私は家族のため、相手のためってがんばってきたけど、自分がやりたいことをやれないから情熱が子育てに向いていたのかもしれません。ほんとは自分の執《しゅう》着《ちゃく》のためにやっていただけだったから、空回《からまわ》りしてきたんですね。

――自分自身がやりたいことを追求してがんばっていたら、子供はそんなお母さんに文句を言わないよ。がんばるところを間違えないで、もっと自分の人生を生きようよ！

――上手くできるかわかりませんけど、人生だとか他人との関わり方を見つめ直すためのちょうどいい機会なのかな……。

――今日話したことをどうやって実践していこうか？　せっかくだから自分自身が輝ける方向に移っていこう。悩みもじつは新しい自分に変化したり本来の自分に戻ったりするきっかけになるよ。応援するのでがんばってください！

――ありがとうございます！　あ、そろそろ時間ですね。

相談者には必ず言っているが、悩むことはよいことだ。悩みの根源には、自分自身と向き合うという課題が潜んでいる。悩み抜くからこそ苦しい状況から抜け出せるのだ。

せっかく死にたいほどまで悩んだからには、解決してもらいたい。俺の相談は「相手に笑顔が表れるまで帰さない」をモットーにしているので、時には長丁場になる。ユウカさんの場合も3時間半を超えていた。

その後、ユウカさんからは報告はない。紹介者にも連絡がないそうなので、上手くやれているのではないかと二人で話した。もしかしたら、家族の状況はそれほど変わっていないかもしれない。だけど、本人の捉え方は確実に変わってきているだろうし、別の考え方があることを理解したと思う。それは、さまざまな経験と苦悩を経たからこその気づきだ。

きっと、彼女の口癖から「でも」がなくなったとき、被害妄想に振り回されていたことが、完全に腑に落ちる瞬間がくるだろう。彼女の世界はもっと広がり、ありのままの自分を受け入れるだろう。他人に振り回されることなく、体や心を磨いて、命が尽きる瞬間まで本当の自分を生き続けることが、禅で言うところの「大自由」を得ることだ。

いつか「でも」から完全に自由になることを祈っている。

第6章 混乱のトリセツ

自殺する人は「弱い人」ではなく「優しい人」

消えない人たちの優しいお父さん

この章は、「喪失のトリセツ」というタイトルでありながら、自殺したい君たちのためのトリセツではない。なぜならここに登場するのは、俺が自殺相談の活動を始めて以来、俺の相談者ではないけれど直接関わったなかで唯一救えなかった人だからだ。

俺もご家族も、亡くなってしまったこの大切な人の思い出を抱きながら生きている。だからこれは、大切な人を失い心にポッカリ空いた穴をどうやって受け止めていくかについてのトリセツ、つまり残された俺たちのためのトリセツだ。

2004年からmixiで始めたコミュニティ「死にたい人」は、たくさんの人が苦しい思いを吐き出す場に成長した。非公開コミュニティなので、参加希望者はまず俺のアカウントにメッセージを送る必要がある。相手の悩みに対して何度か相談対応して、俺は相手が本当に死にたい人かどうかを確認する。冷やかしや調査目的でないとわかって初めて参加を許可していた。

「死にたい人」を作って比較的早い時期に、リュウさんから参加希望のメッセージが来た。

――生きていく希望がありません。どうでもよくなって、死んじゃってもいいかなと思っています。

メッセージから男性であることが推測できたけど、リュウさんのプロフィール画像には何も写真がなかったし、年齢や職業などもわからなかった。

その後、「死にたい人」がmixi運営から削除されてしまったので、さっそく「消えない人」を作ったとき、俺がまっさきに声をかけた古参メンバーの一人がリュウさんだった。

ページトップの「自己紹介」のスレッドにみんな参加の動機を書くのだが、リュウさんの自己紹介は2人目だった。整然と項目分けされていて、後から書き込む人たちの参考になるようにというリュウさんの気遣いが表れていた。

〔このコミュにきたきっかけは?〕
ここしばらく仕事が原因で気持ちが落ち込んでおり、いっそ消えてしまいたいと思いながらネットを眺めていたところ、ここを見つけ、興味を持ちました。

〔いま現在　消えたい or 消えたくない?〕
どちらかといえば消えたい。

〔あなたはどんな人?〕
趣味:カメラ、バイク
性別:男、アラフォー

職業：会社員
性格：物事を深く考えすぎて、言いたいことが言えない者です。いままで仕事一筋でやってきました。ここ最近の仕事環境の変化と、言いたいことが言えない性格もあり、さまざまな仕事を抱え込んでしまった結果、不眠・抑うつといった症状が出てきてしまいました。
周りの支援もあり、最近になって何とか回復してきていますが、いつも将来への不安があります。これから生きるためには、考えすぎる癖と上手く付き合っていかないとならないんでしょうね。趣味で発散したいけれど、今はそこまでの意欲がありません。
このコミュで皆さんと意識の共有ができればありがたいです。よろしくお願いします。

俺は「消えない人」を、メンバーが一方的に毒を吐き出すスレッドと情報交換のスレッドとに分けていた。当時の俺は個別相談で忙しかったから、後者を心療内科の薬や治療についての質問や自分の環境に関する相談の場にして、メンバー同士が交流できるようにしていた。

リュウさんはどちらのスレッドにもコメントをくれていたけど、とくに後者が多かったように思う。グループの縁の下の力持ちというか、困っている人にさりげなく手を差し伸べる、みんなの良きお父さん的存在だった。

たとえば、初期のスレッドにこんな相談が投稿されていた。

――僕はひどい人見知りです。社会人になった今でも、誰かと二人きりになると何を話して良いのかわからず逃げるように帰ることがあります。職場や地域の飲み会なんかにも参加するのですが、心の中で「誰も話しかけないで」と祈りながら隅っこで小さくなっています。

そんな自分ですが、仕事として人前で話すときは必死で大きな声を出すので褒《ほ》められます。きっと仮面をつけて演じているのだと思います。家庭でも、「夫」を演じて、親と話すときも「息子」を演じています。

どれも自分じゃないようで、どれも自分です。矛盾しているようですが、人は皆そんなふうにするのが普通なら、普通って一体何ですか？

リュウさんは、そんな新米社会人の男性の悩みに優しく返信していた。

――普通って言葉はあいまいで、定義するのは難しいですね……。人それぞれ、持っている「ものさし」は違うから、自分にとって「普通」でも自分以外の人にとっては「普通じゃない」かもしれないし。

「世間一般ではこれが普通」みたいな価値観を押しつけられるのは自分もイヤです。世間の常識ほどいい加減なものはないし。逆に「俺にとってはこれが普通なんだ」と、自分のものさしを誰かに押しつけるようなこともしたくはありませんけど……。

自分のものさしはちゃんと維持したまま、他人のものさしにも臨機応変に対応できる。それが理想かなぁ。

別の女性の家族の問題にも、温かいコメントをくれていた。

――私は精神疾患者で、たった一人の家族の母親もそうで、絶望して自殺しようと誘われています。「練炭《れんたん》を買ってきて」とお願いされて、正直自分も一緒に消えたくなります。どうしたら思いとどまれるかアドバイスをください。

――自分も弱っている時に近くに自殺願望の強い人がいると引き寄せられてしまってつらいですよね……。できればお母様とは少し距離をとった方がいいのですが、同居しているとそうもいきませんよねぇ……。

そこで、客観的に見てみる、ということをオススメします。お母様も本当に死にたいと思っているわけではないと思うんです。死ぬなら練炭以外にもいくらでも方法はありますから。本心から言っているわけではない。どうにもならない現状にいら立って、絶望して、病気に支配されて、そのようなことを言ってしまっている。

「病気のせいなんだ。病気がそう言わせているんだ」。そう思って、客観的に見てみる。また練炭買ってきてとか言われても適当に誤魔化して流す。僕自身も自殺願望が強くなった時に「これは病気だからなんだ。今自殺したら病気に負けてしまったことになる」と思ってやり過ごしたことがありました。少しでも参考になったら幸いです。

――アドバイスありがとうございます！　母は薬が変わった後、少し落ち着いていています。「病気のせいなんだ」と考える手法やってみます。

「消えない人」の活動を始めて2〜3年過ぎた頃、俺は兄弟子から、いつまでもハンバーガーを作ってないで住職しなさい、と空き寺を紹介され、岐阜県の大禅寺《だいぜんじ》住職に就任することになったため、東京を離れた。

1年ほど経って、リュウさんからmixiでメッセージが届いた。「母が亡くなったので、電話番号を教えていただけないか」という問い合わせだった。聞くと、リュウさんの奥さんのご実家は大禅寺の近所にあり、しかもうちの檀家さんだった。「奇遇ですね！　私は今、大禅寺の住職なんですよ！」と返すと、俺がメディアなどで取り上げられることが増えたので、リュウさんの奥さんが調べて気づいたのだそうだ。

リュウさんたちの家は岐阜県外だったけど、2時間程度で行ける距離だった。俺はさっそくお母さんの臨終の際に枕元であげる枕経をするためにお宅を訪問した。

迎え入れてくれたリュウさんは、丸顔で優しそうな男性だった。

――初めまして。いつもコミュニティでお世話になっています。

おっとりとした話し方と笑顔に、いっぺんにリュウさんを好きになった。

その数か月後にリュウさんはお父さんも相次いで亡くしてしまい、俺は毎週のように法事のためにお家を訪問することになった。葬式が終わるまでご家族も大変だったから深く接することがなかったけど、法要の後に食事するうちにだんだんいろんな話を交わすようになった。

柔らかくて高い声で話す、人の良さそうなリュウさんだったけれど、俺と同じバイク好きのライダーで、なんと赤いアメリカンタイプの大型車に乗っていた。そんなギャップもまた魅力的だった。

俺も大型バイクに乗りたかったけど、事故で死にかけたから家族から猛反対されていた。リュウさんに、俺が僧侶を目指すきっかけにもなった転機ともいえる交通事故の話をしてみた。

――俺は中学高校時代は応援団やバンドをやったし、バスケ部では部長だったし、極真空手《きょくしんからて》の選手でもあったしで、まあ目立つ方でした。卒業後は通信制の大学で哲学を勉強しながら、早朝は築地市場、昼は東京湾、夜は飲食店とバイトを掛け持ちして働きました。

空手の選手権を控えていた24歳のとき、明け方6時すぎに築地市場の仕事が終わった後250ccのバイクで走っていたら、同い年の女性が車で突っ込んできたんです。彼女は朝帰りで早く帰りたかったから、停止線を無視してスピード違反していました。俺は突然吹っ飛ばされて、顔面の半分はへこみ、網膜《もうまく》には穴が開き、折れた歯や骨が顔や身体の皮膚から突き出しました。

集中治療室で6時間、意識がないまま生死をさまよいました。とくに右膝の半月板断裂がひどくて、術後も3か月入院しました。がんばってリハビリしましたけど、手足が思うように動かなくて絶望しましたね……。「空手選手としての人生が不運にも葬り去られてしまった」と寝ているとき以外は呪い狂っていました。

でもなぜか同時に、空手で鍛《きた》えていたからこそ死なずに救われたとも思いました。それに、入院中に当時看護学生だった妻と出会えましたから、転んでもタダでは起きないというか、災い転じて福となすというか（笑）。

　もちろん、そこまでの境地にたどり着くまではかなりの時間がかかりましたよ。「車でぶつかって来たあの女性は、今どんな人生を歩んでいるんだろう？」「あのまま死んでしまっていたら、自分の人生は何だったんだろう？」なんて考えましたね……。


　退院後もリハビリを続けましたが、以前のような体には戻りませんでした。なんとか社会復帰しましたけど、もう世の中の見え方が完全に変わってしまいました。一気に空《むな》しくなってしまったんです。流行を追いかけて金を稼ぐことに明け暮れることを幸せだと思っていたところに、正反対の状態がやってきたわけでしょう。生きる目的や気力を失ってしまい、空《むな》しさと悲しさだけが体の痛みとともにジンジンうずくんです。

　そうして、「結局はお金や物では絶対に満たされない何かがある。本物の幸せを見つけたい」と思うようになりました。そしたらある日、うちの母親が「僧侶募集、未経験可」という禅宗寺の新聞広告を俺に見せてきてね。二人で大笑いしていたんですけど、興味がわいて働き始めたんです。

動物葬儀と供養《くよう》中心の寺で、子供たちが生まれて初めて大切に育てていたものが動かなくなるという「死」を体験する場に何度も立ち会ったんですよ。ペットロスというやつです。「死んだ猫ちゃんどこ行ったの？」って聞かれても俺は答えられなくて。ただ僧侶としての作法を研修で習っただけだから。

それで本格的に修行したくなって、臨済宗《りんざいしゅう》の道場のなかでもとくに厳しいことで有名な僧堂に入りました。ストイックな修行はつらかったけど、俺は体育会系だからむしろワクワクしましたね。事故で壊れた膝で、長時間の結跏趺坐《けっかふざ》にも耐えました。約5年間、僧堂で修行してまた社会に出て働くという「逆出家」をした後に現在の寺の住職にいたります。

たくさんの痛みを体験させられた人生だけど、仏の導きで命の尊さへの気づきをもらえたのも事実です。こうやって人生が深まるようにしてもらえて、不運ではなくむしろありがたいと思っています。

リュウさんは俺の身の上話をじっと聞いてくれた。リュウさんもまたバイク事故で体が不自由になった一人だったので、俺たちの間には仲間意識のような連帯感が生まれた。

リュウさんは設計から施工までトータルに手掛ける会社を経営していたのにツーリング中に事故に遭い、利き手が不自由になってしまった。それでもリハビリしてもう片方の手で図面を描けるようにまでなったのだけど、製図以外の仕事を外注しなければならなくなったため、仕事や売り上げが減ってしまったことで落ち込んでいた。

幸い、奥さんがゴッド姉ちゃんみたいな元気な人で、「あたしが働くから大丈夫よ！」と工場のパートに出ていた。アネゴ肌の奥さんと穏やかなリュウさんは、似合いの夫婦だった。

リュウさんとはいつも精神的な話、つまり「生きる死ぬ」の話ばかりしていた。彼もそういう話題への関心が高かった。うつの治療、引きこもりの問題、世界から置いて行かれるような孤独感や疎外感《そがいかん》をどうやって切り抜けていくかだとか。ちょうどその頃、芸能人が自殺するたびに俺への相談も増えたから、「あの俳優の死をどう思うか」なんて話し合ったりもした。

この人は柔らかい人柄でありながら社長をしていたぐらいだから、やっぱり面倒見がいいんだろうな。周りの人を助けたいんだろうな。その点は奥さんも似ていた。奥さんの働く工場では、高校を卒業した地方出身の女の子が出稼ぎに来ると話してくれた。

――工場では機械が24時間フル稼働しているから、シフトは早朝が多く夜勤もあって、昼間は寝るしかなくてね。地元を離れて社員寮で暮らす女の子たちは、休日も一人で過ごしているの。でも、家族には泣き言を言いたがらないのよ。仕送りしているから心配させたくないんでしょうね。やがて笑顔も口数も減って、遅刻が多くなっていき、欠勤が続くのである日部屋を訪ねてみると、自殺しているのよ。

――やっぱり職場と寝る場所の行き来だけで職場内でしか人間関係がない環境は、かわいそうだよ。

――何かいい方法はないかしら？

リュウさんも話に加わった。

——僕もバイクチームを作っていたから、そういう集まりがあるといいのかも。

——そうか、何かイベントでも企画しようか！

そんな経緯で、俺は孤独にしている人たちを家から引っ張り出そうと、当時は「一徹カフェ」「アウトドア座禅」「ライブペインティング」「精進料理教室」などたくさんイベントを開催した。

かつてツーリング仲間のリーダー的存在だったリュウさんは、さすがにもうグループで走ることはできなくなったけど、愛車を改造して片手でも運転できるようにしていた。そんなふうに自分なりに体と向き合いながら、周りの人へのサポートもしようとしていた。

リュウさんは人生の深い議論ができるユニークな檀家さんであり、自殺防止活動の頼もしい仲間でもあった。俺はこんな人と出会えてうれしかった。

はにかみ屋のカリスマ、袈裟をかけるたびあなたを思い出す

だけど、生来の優しい兄貴肌の気質と障害者になった失望との間で、リュウさんの心はつねに揺れ動いていたのかもしれない。

何の予兆もなかった。ある夏の終わりに、奥さんから電話がかかってきた。

――和尚さん、お経をあげていただきたいんですけど……。

――親御さんが亡くなられたんですか？

――ちがうんです。リュウが……。

――すぐ行きます！

文字どおりすっ飛んで行った。

家に到着すると、奥さんは「ほら、何しているの！　大好きな和尚さんが来たわよ！　たくさん話したいって言っていたじゃない。早く起きてよ！」とリュウさんの体をバンバン叩いた。上の子供は茫然《ぼうぜん》としたままで、下の子供はボロボロ泣き続け、奥さんは怒ったようにリュウさんを起こそうと、体を叩きながら声をかけ続けていた。三人とも感情の表れ方が違っていた。

俺も苦しくて、自分自身と家族とを落ち着かせるために何でもいいから話さなければと、家族にいきさつを聞いた。上の子供はとても答えられる様子ではなかった。下の子供は嗚咽《おえつ》しながら、前日の夜リュウさんはいつもどおり居間で晩酌していて、一緒にテレビでスポーツ観戦したと説明した。やがて寝る時間になったので二人ともそれぞれ部屋に戻った。翌朝、部屋へ呼びに入ると、床に座り、タオルで首を絞めたリュウさんを家族は発見した。その死に顔は眠るように安らかだったそうだ。

奥さんは、「死にたい」という言葉などなく普段とまったく変わらなかったと言った。

――もう！　なにやってるのよ！　なんでこんなことになっているの⁉

奥さんはリュウさんの遺体をゆすりながら、また起こそうとしていた。何度も、何度も。生き返れと言わんばかりに。

やがて、手を止めた。涙を浮かべた目を俺に向け、力なく笑いながら言った。

――気が弱いところがあったから、自分自身のこと何も言えなかったのかな……。

ほんとだよ。何でだよ？　これから一緒に協力していく仲間だと思っていたのに……。

問い詰めたい気持ちをぐっと押さえて、もう動かないリュウさんの遺体に近づき枕経を済ませた。それから、奥さんとどんな葬式にしたいか打ち合わせをした。他の僧侶も呼ぶ伝統的な葬式もあるけれど、奥さんは「和尚さん一人でお願いします」と希望した。

葬式は、リュウさんの人望がうかがえるものだった。自死の場合は家族だけの密葬もあるけれど、大勢でリュウさんを送り出した。男も女もライダー仲間が来てくれた。社会人になったばかりの息子さん。息子さんの会社の関係者も来てくれた。棺桶の上にバイクのグローブが置かれて、あちこちにツーリング中の写真が飾ってあった。たくさんの花束に囲まれていた。

その後も、七日経のたびに毎週リュウさんの家を訪問した。下の子供は毎回参加してくれた。二七日にもなると、みんな少し落ち着いてくるので、「何でだったんだろうね？」「死ぬ前に気づけたのだろうか？」「父はどんな気持ちになっていたのか？」と話し始めた。遺族として家族の死を受け入れるために知りたくなるのだろう。

そのとき、奥さんからリュウさんのバイク事故は子供とツーリング中にトラックから子供をかばったことが原因だったと教えてもらった。そういう経緯でmixiのグループに入ってくれたのか。それで両親の死をきっかけに俺の寺と交流するようになってくれたのか。自分の悩みを誰にも打ち明けず、リュウさんはどれほど孤独だっただろう……。

思い起こせば、生前のリュウさんはmixiでも他人の話を聞く側だった。俺はリュウさんとあんなに哲学や宗教、他人をどう助けようかと話し合ったのに、彼自身の苦しみや葛藤《かっとう》を聞いたことがなかった。リュウさんは一度も俺の相談者になったことがなかったのだ。

そんな思いを巡らしながら、3週間ほど経っただろうか。ふと、リュウさんが個人のmixi日記に何か予兆を書き残していないかチェックしてみた。すると、リュウさんのプロフィール画像が、大禅寺の山門前にたたずむ彼の愛車になっていた。あれ？　彼の画像ってこうだったっけ？　リュウさんが今までバイクで乗りつけたことがなかったので、不思議に思った。

次にリュウさんの家に行ったとき、家族にmixiページを見せてみた。奥さんが「和尚さん、これ死ぬ直前ですよ！　バイクがごく最近カスタマイズした状態だもの」と驚いた。下の子供も「そういえばお父さんは死ぬ前の日、バイクでどこかに出かけていた」と言った。寺に戻ると、たしかに花壇の様子が写真と同じだった。あの写真はごく最近に撮影されたものだったのだ。


その次の法事で、奥さんに聞いてみた。

――あのプロフィール画像は、リュウさんの最後のメッセージというか遺書だったのかもね。それにしても、どうしてmixiに残したんでしょう？

奥さんがうなずきながらつぶやいた。

——私たちはmixiをやっていないからね。リュウは、和尚さんのお寺にお墓も建てたから死んだらそこに入れてもらえるし、和尚さんならmixiを見ているからこのメッセージに気づいてくれるかもしれないって思ったのかな。

でも、なんで寺の中に入って俺に声をかけなかったんだ？　オフクロや家内もいたのに……。

しばらくして、別の考えが浮かんできた。ああ、そうか。リュウさんは死ぬことを決意していたんだ。でも、俺から止められたら決意も揺らいでしまうし、俺がショックを受けると心配したのだろう。ご家族にも事前に言ったら止められるに違いないから、最後の最後まで普段どおりにふるまおうとしたのだろう。だけど、家族に「俺はここにいる。何かあったらこの寺に、和尚さんに相談しろよ」と伝えたかったんじゃないか。だから、きっと考え抜いてこの決断になったんじゃないだろうか。

そろそろ1年経つという頃、一周忌に合わせて俺から家族に「リュウさんの袈裟《けさ》を作りませんか？」と持ちかけた。

——今まで自殺相談の活動をしてきて、一緒に手伝おうとしてくれた仲間とこんな別れ方をしてしまい、リュウさんの葬儀は何とも言い難い特別なものでした。最後のメッセージとして愛車とうちの寺の山門の写真を残してくれたリュウさんの魂は、いつも大禅寺にあります。リュウさんをいつまでも忘れないように、彼の戒名《かいみょう》を入れた袈裟を作りませんか？　自分だけで費用を出そうと思いましたが、袈裟をかけてお経をあげるたびに供養になりますから、ご家族も一緒にいかがでしょう？

もちろん家族は快諾してくれて、半額ずつ負担することになった。通常、袈裟は経費でまかなえるが、これは自費で買った唯一の袈裟だった。それは、リュウさんの魂と俺自身とをつなぐ絆の証《あかし》だった。

袈裟の生地は、いつもかけられるオールシーズン用にした。奥さんは「リュウって、和尚さんのこと大好きでいつも引き留めて話に夢中になっていたものね。一緒にくっつけてもらえてよかったね！」と喜んでいた。子供たちも「ありがとうございます」と感謝してくれた。

いつも周りを助けようとしていたリュウさん。「あ～本当に、そうですね～」とニコニコしながら話を聞いてくれていたリュウさん。でも、生前は誰もリュウさんの苦しみを受け止めることができなかった。知る由もなかった。自殺する人は「弱い」のではなく、「優しすぎる」のだ。

だけど、その優しさはずっとこの世界に残り続ける。そして、残された者たちを結びつけてもくれる。そうやって、失った人が作ってくれた絆を大切にして、これからも俺たちは生きていく。リュウさんの思いを俺たちはしっかり受け止め、引き継いでいく。この袈裟をかけるたびにそのことを思い出す。

皆に愛されたライダーのリーダーは、今もバイクで天地を自由に駆け巡っているだろう。迷いながらも生き続ける俺たちを、大禅寺で見守りながら山門に導いてくれているだろう。遠慮がちではにかみ屋だったカリスマ、あなたのことを忘れない。

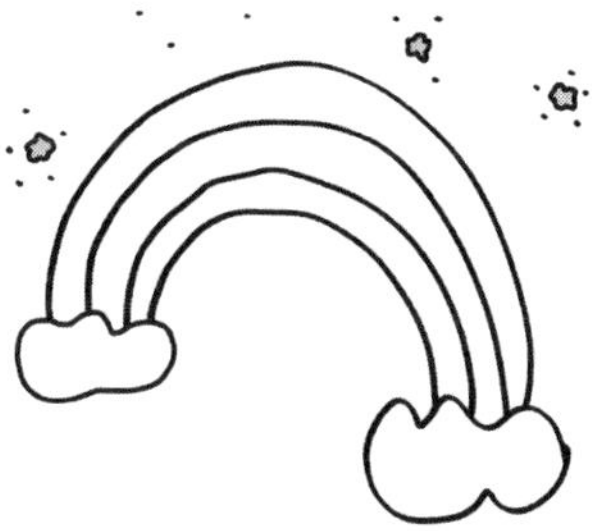

あとがき

目の前にいる君へ。

この本には、俺のところに相談しに来てくれた人たちの苦しみぬいた生の証《あかし》が刻まれている。

プライバシーを守るために、細部を変えたり、あえて伏せている部分もある。でも、すべてがほぼ実話だ。

のべ2万人にも及ぶ自殺希望者との対話のなかで俺が見出した「やり方」とは、真正面から魂をぶつけるという方法だ。非力な自分には、それしかできなかったと言ってもいい。

孤立し、傷ついた相談者の多くは、最初は心を閉ざしたり、逃げようとしたりもする。しかしやがて、おずおずと心の扉を開き、自分なりの魂を投げかけてくれるようになった。だからこの本は、相談者と俺の魂のぶつかり合いの記録とも言える。そのことが少しでも伝わればうれしい。

二つの魂がぶつかり合えば、「見え方が変わる。世界が変わる。魂が蘇《よみがえ》る」。この命の響きを感じてほしい。それはきっと、君が光を見つける手助けにもなるはずだ。君が1パーセントでも、10パーセントでも、生きやすくなることを願っている。

この本を通じて出会った、絶望を乗り越えるための「知恵」を忘れないで、そしてできれば、それをさらに進化させてほしい。ここまで読んでくれた君には、きっとそれができるはずだ。

ミナさん、タカシさんとキヨミさん、トモミさん、マサトさん、マキさん、そしてユウカさん――。彼らが苦しみぬいて、生死の狭間《はざま》から必死に語る姿に接していたとき、俺は彼らと向き合うと同時に、自分自身にも向き合っていた。

今、俺は必死なのか？　おのれの魂に真剣に対峙《たいじ》しているだろうか？　後悔なく生きていると言えるだろうか？　それでも死んではいけない理由は？　生きる意味は？

そうした問いを突き詰めていくと、やがて俺はひとつの叫びに行き当たる。第7章で書いた、死んでしまった友への叫びだ。

「なんで死んじゃったんだよ！　教えてくれ！　俺を納得させてくれ！」

答えは返ってこない。


目の前にいる君へ。

もう終わりだ、ダメだと思ったとき、この本をもう一度開いてくれ。馬鹿にしながらでもいい。嫌々でもいい。もう一度開けてくれ。

それでも、どうしてもダメだったら、生きられない理由を説明して、俺を納得させてくれ。大禅寺《だいぜんじ》の山門は、いつでも開いている。


最後になりましたが、川本佳苗さん、近藤丸さん、そしてこの本を作るに当たり縁の下で支えて協力してくださいましたすべての皆様に心から感謝を申し上げます。

根本〈紹徹〉一徹

私が初めて根本さんとお会いしたのは2018年10月でした。長く「仏教と自殺」をテーマに研究してきた私に、2月頃、あるアメリカ人研究者から、根本さんの主演ドキュメンタリー映画『いのちの深呼吸』（ラナ・ウィルソン監督）をアメリカで上映したいので、コメンテーターを務めてくれないかという依頼が届いたことがきっかけです。

私は根本さんの噂は聞いたことがあっても面識はなかったので、まずは映画のテーマでもあった根本さんの死を疑似体験するワークショップ「旅だち」に参加することにしました。初めて訪れた大禅寺は映画に出てくるままの静かなたたずまいで、さらに初めて見る根本さんは大柄で眼光鋭く、「威圧感MAXの怖い人」という印象でした。でも、話が続くにつれて、根本さんは何とも優しい目でじっと見つめ、相手の話に全身全霊で耳を傾ける様子へとみるみる変わりました。「この人は本気で人を救いたいと思っている」と気づきました。野生動物のような気迫と相手のハートをトロトロに溶かす温かさ、そんなギャップに魅了されました。

＊　＊　＊

これまで根本さんのドキュメンタリー映像が4本制作され（うち3本は

海外の作品）、新聞や雑誌のインタビュー記事も無数にありましたが、どれも時間が経ってからアクセスすることが難しいものでした。そこで、私から「根本さん、根本さんの活動がざっとわかるような、名刺代わりに渡せるような一冊を作りませんか？」と持ち掛けてみたのです。

　もう一つの理由は、現在の根本さんは忙しくなり、以前のように多くの相談者を受け入れる時間を取れなくなってしまったことです。だから、根本さんに相談したい人がこの本を読んで気持ちが軽くなって大禅寺に行かなくてもすむなら、それに越したことはありません。そんなふうに根本さんが実際に温かく語りかけてくれているような、根本さんの相談を疑似体験できるような「根本さんの分身」となる一冊を作りたかったのです。

　根本さんも同じ思いでしたので、私は出版計画を進めることにしました。出版社を決めたり、根本さんの記憶を頼りにお話を聞き取ったりする作業は、予想以上に時間がかかりました。法藏館の戸城三千代編集長と編集担当の上山靖子さん、営業担当の秋月俊也さんからは、仕事の範疇を超えて親身なアドバイスをいただき、多大なる感謝を申し上げます。特に、「第7章　喪失のトリセツ」が自殺の誘発になりかねないという懸念から、真摯な指摘をいただきました。自殺したい人がこの章を読めば、「最終的に自分の死を周りは受け入れてくれる」と自殺へのハードルが低くなってしまうかもしれません。それでも、全員がリュウさんのお話を紹介するべきだという意見では一致していました。

大切な人の体が無くなったら、もう完全に存在しなくなってしまうのでしょうか？　いいえ、その人と私たちとをこの世界でつなぐ「何か」が残るはずです。それはリュウさんの場合、大禅寺を写したmixiのアイコン画像や袈裟でした。だから人は大禅寺を見るたび、リュウさんがそこで皆を見守っていることを思い出すでしょう。根本さんが袈裟を着てお経を読み上げるとき、聞く人はリュウさんの命がお経に乗って空に舞い上がるのを感じるでしょう。そうやって、私たちはずっとリュウさんの「思い」を共有することができるのです。

この本が私と姉にとって、根本さんとリュウさんの間の袈裟のような「絆」になってくれるよう願っています。一般的に仏教では「自殺は悪」と説かれますが、その他の解釈を提示することが研究者である私なりの、姉のための「お弔いの方法」になると信念をもってこれまで研究を続けてきました。それは、いつも自分の傷と向き合う苦しい作業でもありました。

学術論文を読む人は限られていますが、私の「お弔いの方法」をもっと多くの人のために広げるためにも、この本は絶対に出版したいと切望してきました。私の他にも大切な人を失い、残されてしまった人がたくさんいらっしゃると思います。そんなあなたが「喪失のトリセツ」の章を読んで、この世界で愛しい人とあなたをつなぐ何かを再発見したり、作り出したりすることができれば、私もうれしいです。

漫画担当の近藤丸さんには、短期間で描いていただきました。近藤丸さんは、いつも自分の道を求めてがんばっている私の大切な後輩です。彼のもがき苦しむひたむきさと、根本さんの出家にいたるまでの波乱万丈な青年期とが重なったので、漫画を描いてもらうなら彼しかいないと決めてお願いしました。本当にありがとうございました。

最後になりましたが、もしあなたがこの本を読んで少しでも心が軽くなったなら、今日はそのまま眠ってまた明日を迎えてくれますように。

川本佳苗

根本一徹（ねもと・いってつ）

1972年東京都生まれ。臨済宗妙心寺派 神宮山大禅寺第16世住職。サラリーマン家庭に育つ。2004年より自死防止相談活動や自死遺族支援を開始。独自の相談スタイルで、仏教僧による自死防止活動として各種メディアに注目される。現在、ともに身心を磨く活動として「一徹庵」を主宰。模擬葬儀やアウトドア坐禅会などで、孤独になりがちな現代人の拠り所を構築している。「第35回正力松太郎賞青年奨励賞」受賞。『The New Yorker』（取材記事、2013）、映画『いのちの深呼吸』（ラナ・ウィルソン監督、2017）主演など活動多数。

川本佳苗（かわもと・かなえ）

博士（仏教学）。東京大学東洋文化研究所特別研究員。専門は仏教倫理（自殺・自死）と東南アジアの瞑想・文化。ミャンマーの国際上座部仏教宣教大学に3年間留学し、パオ（パーアゥッ）森林僧院で尼僧スナンダとして修行した後、タイのマハーチュラーロンコーン大学大学院で修士号を取得。主な著作に「パオ瞑想法におけるサマタ瞑想」(2020)、「パーリ経典に描かれる比丘の自殺と対話の意義」(2018)、『K・N・ジャヤティラカ博士論文集』など。https://researchmap.jp/KanaeKawamoto/

近藤丸（こんどうまる）

1984年富山県生まれ。本名 近藤義行。龍谷大学大学院文学研究科修士課程修了（真宗学）。浄土真宗本願寺派の僧侶として、中学校・高校で宗教教育に携わってきた。漫画家・イラストレーターとしても活動している。著書に『ヤンキーと住職』（KADOKAWA）など。

絶望のトリセツ
――人生の危機をのりきる方法

二〇二四年七月二六日　初版第一刷発行

著　者　根本一徹・川本佳苗
発行者　西村明高
発行所　株式会社　法藏館
京都市下京区正面通烏丸東入
郵便番号　六〇〇-八一五三
電話　〇七五-三四三-〇〇三〇（編集）
〇七五-三四三-五六五六（営業）

装幀　濱崎実幸　挿し絵　タオカミカ
印刷・製本　亜細亜印刷株式会社

ISBN 978-4-8318-2462-2 C0011